国家自然科学基金（72203079）

光明社科文库
GUANGMING DAILY PRESS:
A SOCIAL SCIENCE SERIES

·经济与管理书系·

中国农地流转市场合约
履约机制及影响研究

崔美龄 | 著

光明日报出版社

图书在版编目（CIP）数据

中国农地流转市场合约履约机制及影响研究 ／ 崔美
龄著 . -- 北京：光明日报出版社，2023. 12
ISBN 978 - 7 - 5194 - 7641 - 0

Ⅰ.①中… Ⅱ.①崔… Ⅲ.①农业用地—土地流转—
研究—中国 Ⅳ.①F321. 1

中国国家版本馆 CIP 数据核字（2023）第 240078 号

中国农地流转市场合约履约机制及影响研究
ZHONGGUO NONGDI LIUZHUAN SHICHANG HEYUE LÜYUE JIZHI JI
YINGXIANG YANJIU

著　　者：崔美龄			
责任编辑：李　倩		责任校对：李壬杰　王秀青	
封面设计：中联华文		责任印制：曹　净	

出版发行：光明日报出版社
地　　址：北京市西城区永安路 106 号，100050
电　　话：010-63169890（咨询），010-63131930（邮购）
传　　真：010-63131930
网　　址：http://book.gmw.cn
E - mail：gmrbcbs@ gmw.cn
法律顾问：北京市兰台律师事务所龚柳方律师

印　　刷：三河市华东印刷有限公司
装　　订：三河市华东印刷有限公司
本书如有破损、缺页、装订错误，请与本社联系调换，电话：010-63131930

开　　本：170mm×240mm
字　　数：245 千字　　　　　　印　　张：14. 5
版　　次：2024 年 4 月第 1 版　　印　　次：2024 年 4 月第 1 次印刷
书　　号：ISBN 978 - 7 - 5194 - 7641 - 0
定　　价：89. 00 元

前　言

随着中国农地流转数量的迅速增长，农业政策一直在不断引导流转市场合约的"规范化"，其理由之一是能够有效保障农地产权的稳定性，有助于激励农户的农业生产投资和提高生产效率。然而，伴随着我国流转市场合约的规范化，农业生产投资却呈现增速放缓甚至走低的趋势，许多研究调查也显示规模经营户的农业生产投资普遍不足，这与理论预期和政策目标均不一致，原因值得深入研究。为何拥有书面与长期合约的农地转入户的投资积极性不足呢？换而言之，农地流转市场中合约的规范化是否保障了农地经营权的稳定性？其受到什么条件的约束？影响机制是什么？以上问题的回答能够丰富产权稳定性的内涵，有助于解决农地流转和农业现代化发展中的难点问题。

制度的本质是人与人之间行使一定行为的权力约定。按照现代产权理论，清晰的产权制度安排是实现市场资源交易与最佳配置的前提。当产权界限不清晰时，各种摩擦与障碍会影响经济主体行为和资源配置，农地流转市场同样如此。清晰界定流转农地主体的经济权利至关重要，包括法律界定与合约约定的权力，是保证农地资源有效配置和农地高效利用的前提。理论认为产权明晰能保证资源的最佳配置，不仅仅要求产权界定具有明晰性、专有性和可转让性，还要求产权界定具有可操作性，而这是现有实证研究忽视或重视不够的地方。既有研究大多仅考虑合约类型、期限与租金等条款对农地资源配置和农业生产投资的影响，暗含的假定条件是合约条款可以完全执行的，忽略了现实中履约环境和合约约束力对合约可操作性与可执行性的影响，这可能使得农地流转的合约稳定性不足，其作为农地经营权稳定性的重要内容会影响市场中的要素利用与资源配置。

本研究的总体目标是在要素市场化背景下，探讨农地流转合约稳定性与农业生产投资的关系，验证合约约束力是影响农地流转合约稳定性并制约农户农业生产投资的重要因素，进一步分析不同合约约束力下农地流转市场合约结构的异质性，揭示社会信任与法治强度对合约约束力的作用机制，为乡村治理与法治建设相关政策的制定和完善提供参考。本研究针对合约约束力对农地转入户农业生产行为与农地流转市场合约结构和规模经营发展的影响，以及合约约束力的影响因素逐步进行了实证检验，主要研究内容与结论包括以下四部分。

第一部分研究了农地流转合约安排对农业生产投资的影响及合约约束力的调节效应。本部分将合约约束力引入合约安排与农业生产投资的分析框架，探讨合约稳定性对转入户农业生产投资的影响，着重考察合约约束力在上述影响机制中的作用，并利用黑龙江、河南、浙江和四川 4 省 128 村 1033 个农户的调查数据，实证检验农地流转合约安排、合约约束力对转入户农业生产投资行为的影响。结果表明：流转市场中的书面与长期合约对转入户农业生产投资具有激励效应，但会受到合约约束力的制约。不考虑合约约束力时，书面合约与长期合约的参数为正且显著，表明农地流转中签订书面、长期合约的农户进行基础设施投资和农业机械投资可能性更高。在控制合约约束力时，无论是选择合约执行率还是纠纷解决率作为合约约束力的代理变量，合约类型、合约期限及其与合约约束力的交叉项的系数对比都表明，在合约约束力较强的区域，流转中签订书面合约和长期合约的农户更有可能进行农业生产投资，即合约约束力不足会影响签订书面与长期的合约的稳定性，削弱其对转入户农业生产投资的激励效应。

第二部分研究了合约约束力对农地流转市场合约结构的影响及资源配置含义。本部分在分析不同类型和期限合约界定的权益异质性的基础上，探讨合约约束力对书面合约与长期合约界定权益的影响，进而分析不同合约约束力条件下农户合约选择的差异，推断合约约束力对农地流转市场中书面合约与长期合约面积占比的影响，并利用黑龙江、河南、浙江和四川 4 省 128 村农户层面和村庄层面的调查数据进行实证检验。结果表明：无论选择合约执行率还是纠纷解决率作为合约约束力的代理变量，合约约束力对农地流转市场中合约书面化和长期化都具有正向影响。合约约束力不足会削弱书面合约的权益明晰性与长期合约的收益持续性，引致更多的转出户选择口头合约或短期合约，即降低了农地流转市场中签订书面合约与长期合约的农地面积占比。进一步比较不同合约类型与期限的农地转入户特征及农业生产方式的差异，以及不同合约约束力条件下农地流转租金的差异，结果显示：在合约约束力不足的地区，流转市场中农地流向人力资本高、资源禀赋充足、经营能力强、生产投入积极的农户占比更低，且农地流转市场的租金率更低，表明合约约束力不足造成了流转市场资源配置效率的下降。

第三部分研究了合约约束力对农地规模经营发展及稳定性的影响。本部分在要素市场化背景下，分析农地流转合约约束力对农地规模经营的影响，并利用农业资源禀赋和经济发展差异显著的黑龙江、河南、浙江、四川4省的村庄与农户调查数据进行实证检验。其中，村庄层面的数据检验了农地流转与合约约束力对农地规模经营发展的影响，农户层面的数据检验了合约约束力对规模户经营面积调整及程度的影响，从而揭示了农地流转、合约约束力对农地规模经营程度及稳定性的影响机制。结果表明：良好的合约约束力强化了农地流转市场发育对农地规模经营的促进作用。农地流转率的上升显著促进了农地规模经营的发展，但无论是选择合约执行率还是纠纷解决率测度流转合约约束力，都能证明约束力更强区域的农地规模经营程度更高，意味着合约约束力是农地流转促进农地规模经营发展的基础。同时，在合约约束力更强村庄的农地规模户减小或退出经营的概率显著更低，且规模户经营农地面积减少的比例也更小，即在合约执行率高和纠纷解决率高的地区，规模户的农业经营稳定性更强，意味着良好的合约约束力是保障农地规模经营稳定性的重要条件。

第四部分研究了社会信任与法治强度对合约约束力的影响。本部分在要素市场化背景下，分析社会信任和法治强度对合约约束力的影响，利用黑龙江、河南、浙江和四川4省128村的农户和村庄调查数据，构建了社会信任与法治强度标准化指数，实证检验社会信任与法治强度对流转市场合约约束力的影响，并分别采用社会信任与法治强度指标替换标准化指数进行稳健性检验。结果显示：社会信任和法治强度的提高对农地流转市场的合约约束力有强化作用。一方面，以村庄邻里关系和借贷关系体现的社会信任，对农地流转市场的合约约束力具有显著的正向影响，即社会信任高的区域的合约执行率与纠纷解决率均相对较高；另一方面，以法规制度和法规执行体现的法治强度，对农地流转市场的合约约束力具有显著的正向影响，即法治强度高的区域的合约执行率与纠纷解决率均相对较高。要素市场化过程中，农村人口的流动削弱了乡村人与人长期互动形成的社会信任，而现代法治社会建设中的法规制度不完善、执法机构不健全、执法周期长等弱化了法治强度，违约者得不到惩戒，被违约者得不到补偿相当于变相"鼓励"违约，从而削弱了农地流转市场的合约约束力。

　　总体上，在要素市场化的发展过程中，农村人口的大量转移削弱了合约治理中传统乡村"非正式"制度约束，逐步向以现代法律制度为代表的"正式"制度约束演变，而地区之间"正式"与"非正式"制度的差异，无疑会形成不同的合约约束力，影响农地市场流转的违约成本与合约执行，并进一步影响农地流转市场发展与农地资源配置。合约约束力不足对农地流转市场中农户行为有如下影响：第一，农户改变合约选择，当合约约束力不足时农户会选择与特定对象达成口头合约，或者选择期限更短的合约来减小可能遭遇违约的风险；第二，在已有合约安排下调整农业生产行为，合约约束力不足会导致合约界定的权益得不到有效保障，农户会由于投资存在"敲竹杠"的风险而降低农业生产投资，并进一步制约农地规模经验的发展及稳定性。据此，本研究提出如下建议：加强农地流转市场的监督与管理，强化流转纠纷的服务与调解能力；重视乡村振兴中的法治建设和宣传，强化农户的产权与法律意识；改善乡村治理的能力与水平，建立健全村规民约监督和奖惩机制，培育和提高乡村社会信任；创新农业生产投资激励机制，加大政策补贴力度以提升农业生产投资水平；在推动农地规模经营与农业现代化的进程中，注重构建和维护良好的市场秩序与履约环境。

目　录
CONTENTS

第一章
引　言

第一节　问题提出

随着农村劳动力的大量转移，中国农地流转市场迅速发展，在政策的不断引导下，流转市场的"规范化"程度不断提高。截至 2019 年全国有 7321 万农户将有经营承包权的耕地流转，流转总面积为 5.55 亿亩，占比分别为 33.3% 和 35.9%。[①] 政府在积极推动农地流转的同时，不断强调市场交易的规范化。[②] 从 2003 年《中华人民共和国农村土地承包法》明确要求"农地流转应当签订书面合同"，到 2005 年农业部颁布的《农村土地承包经营权流转管理办法》再次强调"承包方流转农村土地承包经营权，应当与受让方在协商一致的基础上签订书面流转合同"，再到 2008 年中央一号文件提出"农村土地承包合同管理部门要加强土地流转中介服务，完善土地流转合同、登记、备案等制度"，不少地方政府还专门制定了标准的合同范本。在政策的不断引导下，农地流转书面合约数量逐年上升，农地流转市场呈现规范化趋势，截至 2019 年，农地流转书面合约覆盖面积达 3.64 亿亩，占比达到 65.6%。[③] 政策引导农地流转合约的"规范化"的理由之一是能够保障农地经营权稳定性，对激励农业生产投资（俞海等，2003；郜亮亮等，2011）和提高农业生

[①] 农业农村部政策与改革司. 中国农村经营管理统计年报（2019）[M]. 北京：中国农业出版社，2020.

[②] 2016 年 7 月农业部印发的《中华人民共和国农村土地经营权流转交易市场运行规范（试行）》，要求"保障耕地流转公开、公正、规范，要求流转双方订立合同约定流转期限、用途、价款、违约责任等"。

[③] 农业农村部政策与改革司. 中国农村经营管理统计年报（2019）[M]. 北京：中国农业出版社，2020.

产效率（Brandt et al.，2002；黄季焜，2008；Gong，2018）具有促进作用。研究表明：随着农地流转市场的发展，书面合约在保障流转农地经营权稳定上明显优于口头合约，而经营权稳定性能够降低农地转入户未来土地权益和预期收益的风险，提升经营主体的投资积极性，尤其是与土地相连的长期固定投资（Besley，1995；Li et al.，1998；Jacoby et al.，2002；Deininger et al.，2006；邸亮亮等，2011；黄季焜等，2012）。

　　然而，随着农地流转合约的规范化，农业生产投资①却并未明显改善，且在近年表现为增速减缓甚至走低。《中国农业统计资料》数据显示，我国流转耕地签订书面合约的份数由 2010 年的 2019 万份增长到 2019 年的 5740 万份，增长超过一倍。然而，大致在同期内，主要的农业生产投资增速明显放缓，其中，农村住户农业生产固定投资额由 2008—2012 年的年均增长 17.2% 降低至 2013—2019 年的年均增长 2.1%，且 2013—2017 年间呈现负增长；农业机械总动力数由 2008—2012 年的年均增长 6.7% 降低至 2013—2017 年的年均减少 0.7%，具体来看大中型拖拉机数量从 2008—2012 年的年均增长 19.3% 放缓至 2013—2017 年的年均增长 6.7%，同期大中型拖拉机配套农具的年均增长 19.3% 放缓至 7%，联合收割机数量由平均增长 15.1% 放缓至 9.2%，而小型拖拉机数量在 2012—2017 年逐年减少（详见表 1-1）。② 许多研究调查也表明，规模经营农户的生产投资也普遍不足（陈洁等，2012；钱克明等，2013；孙小龙等，2019），尤其是种粮规模户在土地平整与改良、农田基础设施等方面进行投资的比例不足 10%（陈洁等，2012）。为何签订书面合约的农地转入户的投资积极性仍然不足？换言之，流转市场合约的规范化是否保障了农地

----

①　总体来看，我国农业基础设施与机械投资仍存在较大需求与增长空间。2018 年农业农村部公布数据显示：尽管全国农业机械总动力突破 10 亿千瓦，农作物耕、种、收环节综合机械化率已达到 69.10%，但相比于其他农业生产率水平较高的国家，农户自有农机设备比例仍较低（孙琳琳等，2020）。统计数据显示，2017 年我国单位面积农业机械总动力为 0.71 万瓦/公顷，大中型拖拉机 0.048 台/公顷，联合收获机 0.014 台/公顷，不仅远远低于日本、韩国等资源禀赋条件相似的东亚发达国家，甚至低于越南、马来西亚等东南亚发展中国家。

②　2018 年农业农村部根据工业和信息化部标准对拖拉机的分类重新定义，把大中型拖拉机和小型拖拉机的分类标准发动机功率由 14.7 千瓦改为 22.1 千瓦，大中型拖拉机配套农具口径改为"与 58.8 千瓦及以上拖拉机配套"。为统一比较的时间跨度，仅对比了 2018 年之前的数据。

经营权的稳定性？

表 1-1 2008—2021 年中国耕地流转合约签订与农业投资变化情况

年份	流转合约签订情况 面积（亿亩）	流转合约签订情况 数量（万份）	农村住户农业固定资产投资（百亿元）	农业机械总动力（百亿瓦）	农用大中型拖拉机（万台）	大中型拖拉机配套农具（万台）	谷物联合收割机（万台）	小型拖拉机（万台）
2008	—	—	12.6	82.2	299.5	435.4	74.3	1722.4
2009	—	—	13.6	87.5	351.6	542.1	85.8	1750.9
2010	1.06	2019	13.7	92.8	392.2	612.9	99.2	1785.8
2011	1.39	2521	19.4	97.7	440.6	699.0	111.4	1811.3
2012	1.81	3107	22.2	102.6	485.2	763.5	127.9	1797.2
2013	2.25	3756	20.8	103.9	527.0	826.6	142.1	1752.3
2014	2.69	4235	20.0	108.1	568.0	889.6	158.5	1729.8
2015	3.03	4670	19.8	111.7	607.3	962.0	173.9	1703.0
2016	3.27	5140	20.8	97.2	645.4	1028.1	190.2	1671.6
2017	3.50	5536	20.7	98.8	670.1	1070.0	198.5	1634.2
2018	3.65	5677	22.5	100.4	422.0	422.6	205.9	1818.3
2019	3.64	5740	22.9	102.8	443.9	436.5	212.8	1780.4
2020	—	—	25.8	105.6	477.3	459.4	219.5	1727.6
2021	—	—	26.5	107.8	498.1	479.7	223.8	1675.0

数据来源：国家统计局农村社会经济调查司．中国农村统计年鉴［M］．北京：中国统计出版社，2008—2021；中华人民共和国农业部．中国农业统计资料［M］．北京：中国农业出版社，2008—2017；农业农村部农村合作经济指导司，农业农村部政策与改革司．中国农村经营管理统计年报（2018年）［M］．北京：中国农业出版社，2019；农业农村部政策与改革司．中国农村政策与改革统计年报（2019年）［M］．北京：中国农业出版社，农村读物出版社，2020.

2020与2021年耕地流转合约签订数量与对应面积未公布。

上述事实同产权与合约理论的相关表述明显相悖，值得进行深入的理论与实证研究。从现有关于农地流转合约与产权稳定的研究来看，农地流转的缔约双方能够通过协商达成合约，界定流转交易中双方权责，明确收益分配，减少交易协商成本，规避"道德风险"以保障农地经营权的稳定性。制度经济学理论认为由于外部环境的复杂性与不确定性，部分信息的难以被证实或证实成本高昂，缔约双方在有限理性基础上达成合约，任何形式的合约设计均无法涉及所有问题与可能性，合约不可能是完美无缺的，因而其执行需要依赖于"抵押、触发策略、声誉、信任"等保护机制（Hart et al.，1990）。

虽然中国农地流转合约规范化程度不断提高，但合约的可执行性与约束力不足或许是农地合约规范化并未能激励农户增加农业生产投资的重要诱因。从现实情况来看，农村农地流转合约纠纷频发①且各地区存在明显的差异（许秀川等，2020）。据统计，2015 年全国农村土地承包纠纷案件发生率为9.35%②，吉林、黑龙江、四川均在 10%以上；2017 年全国新收农村土地承包合同纠纷民事一审案件 4.12 万件，同比上升 12.61%。③ 另一项针对农地纠纷的 7 省调查数据④显示，不同区域之间的农地流转纠纷发生率存在明显差异。2017 年中央一号文件提出"探索土地流转履约保证保险"（林乐芬等，2021；刘华等，2023），将流转履约的重要性提升到一个新的高度，反复强调政策本身也表明农地流转合约履约情况并不尽如人意。同时，调解时间长、交易成本高，导致众多的流转纠纷和矛盾不了了之（张磊等，2018），这些因素导致农地流转中的书面合约往往成为一纸空文，即倘若保障合约履行的机制不完善，合约约束力不足，即使签订正式的书面合约也并不能有效保障合

---

① 由于农地流转违约存在转出方违约与转入方违约两种情况，而违约方的差异对农地转入户生产行为的影响不同，所以确认谁是主要违约方是分析农地流转合约履约对农户农业生产投资影响的基础。有文献指出，"在实践中经常出现农户为获取更高利益而将土地流转给集体经济组织之外的主体，在土地价值被开发后又不愿继续履行，以受让方非本集体经济组织成员为由要求解除合同"（孔云峰，2020）。另外，课题组在黑龙江、河南、浙江和四川 4 省的调查数据统计显示，农地流转纠纷中转出方违约的数量占比为73.9%，表明农地流转中的纠纷以转出方违约为主。

② 数据来源于《我国农村土地承包经营纠纷状况调查》。

③ 数据来源于《全国涉乡村经济案件数据报告（2016—2017）》。

④ 夏英，张瑞涛，曲颂．基于大样本调研的农村土地承包经营纠纷化解对策 [J]．中州学刊，2018（3）：38.

约稳定性，其作为农地经营权稳定性的重要内容现有研究少有涉及。已有关于农地经营权稳定性的研究，主要从农地流转合约类型、合约期限角度展开，其结论成立的基本假设是农地流转合约能够完全执行。然而，近些年全国范围内农地流转纠纷发生率明显增加，表明了农地流转合约并非能够完全履行，所以农地流转中与合约实施相关的担保机制、权属证明、司法制度、仲裁调解机构等配套制度（Brandt et al.，2002；刘凤芹，2003；叶剑平等，2010；付江涛等，2016），是保障合约履约和农地流转合约稳定性的重要因素。

在农地流转市场中，农户可以选择的合约类型有口头和书面两种，不同类型合约背后的履行机制往往存在差异。具体而言，口头形式的合约空口无凭，往往依靠人与人之间的信任或长期积累的信誉等机制维系合约的履行，因而缔约双方"彼此熟悉""克己复礼"是达成口头合约的基础；书面形式的合约通过白纸黑字明确了双方权责关系，依靠第三方监督、监管等制度约束保障合约履行。中国农村社会的"乡土性"和"熟人社会"特征下人际关系的差序格局，决定了不同类型合约缔约对象的差异，即口头的"非正式"合约往往发生在亲朋好友之间，而陌生人之间仅可能存在书面合约，充分表明了合约约束力是保障合约稳定性的重要因素。随着要素市场化的发展，人口流动加速了农村"乡土性"特征的瓦解，冲淡了原有"熟人社会"的社会信任，利益至上的"经济理性"日渐盛行，农地流转越来越倾向于选择依赖制度保障的书面合约，履约机制的演变会影响流转市场合约的结构。值得注意的是，虽然各地区在法律制定和颁布方面是一致的，但由于不同地区在法律执行和政府效率等方面存在较大差异，地区之间合约约束力也存在较大差异。世界银行发布的《中国营商环境报告2008》中对比了不同地区案件审理平均耗时，其中，审理一件普通的商业纠纷案件，在东南沿海地区平均耗时230天，而在东北地区的耗时长达363天，表明了地区之间的执法效率和信息透明度上存在明显差异（李坤望等，2010），而这种差异将进一步影响合约约束力的强度。

履约机制由传统社会的"礼治"向现代"法治"的转变过程中，地区之间的制度差异无疑会影响流转市场的发展。农户参与农地流转市场时，在潜在的农地转入户和合约类型选择过程中，维系合约履行的机制的完善程度是影响农户决策的重要因素。随着农村人口转移数量的逐步增加，传统乡村的社会信任逐步瓦解，农地流转市场越来越依赖法规制度保障的书面合约，相对于法律条款和执法机构不完善的地区，具备完善法治条件地区的流转市场的书面流转面积占比越高，农户生产行为的差异越大。在要素市场化背景下，法治对"礼治"模式的替代程度将不断提高，地区之间履约环境的差异会影响农户缔结合约的约束力强度，因而是影响农地流转市场发展和农业生产投入的重要因素。

合约约束力作为保障农地流转合约稳定性的重要因素，是如何影响农户生产投资行为与农地流转市场合约结构的？农地流转市场的合约约束力是否影响农地规模经营的发展及其稳定性？其影响机制是怎样的？在要素市场化背景下，社会信任与法治又如何影响合约约束力？其理论上的影响机制及路径是怎样的？这一系列问题的回答需要科学规范的论证和系统充分的阐释。既有研究没有充分解释农地流转合约的规范化并未改善农户农业生产投资的深层次原因，只单纯从缔约双方关系的异质性角度分析农地流转合约的差异，难以在研究农地流转合约选择中得出新颖的见解，也不足以解释农业生产投资不足的原因。现有研究多从流转市场合约类型和合约期限角度讨论流转农地经营权稳定性对农业生产投资的影响，但尚未有研究从要素市场化背景下履约机制演变的角度分析对农地流转市场合约结构和农业生产投资的影响，更缺少系统、规范的讨论。因此，本书将在要素市场化背景下，探讨农地流转合约稳定性与农业生产投资的关联，分析合约约束力对农户农业生产决策和流转市场合约结构及规模经营发展的影响，并进一步解释影响合约约束力的因素，为揭示上述问题提供全新的视角。

第二节　研究意义

第一，在讨论合约安排对农户农业生产投资行为影响的理论机制时，将合约约束力引入合约安排对农业生产投资影响的分析框架并剖析其机制，丰富了产权稳定性的内涵，深化了农地流转合约对农户农业生产投资影响及作用条件的认识。

第二，从合约约束力角度分析农户的合约选择，解释农地流转市场长期合约与书面合约面积占比的差异，突破传统研究从农户异质性角度分析农户合约选择的一般性结论，不仅补充和丰富了农地流转合约选择的影响因素，而且有助于重新审视乡村法治建设对市场经济发展的影响。

第三，从农地履约角度探讨合约约束力对农地流转促进农地规模经营的影响及机制，丰富和深化了对农地规模经营发展的约束条件的认识，并利用农户追踪调查数据探讨合约约束力对农地规模经营稳定性的影响，有助于强化履约环境对提升农地市场资源配置的重要性的认识。

第四，结合要素市场化背景下社会信任与法治强度影响合约约束力，进而影响农地流转市场的资源配置，讨论了要素市场发展与社会信任、法治强度之间的联系，能够为乡村治理相关政策的制定提供参考。

第三节 研究目标、内容与假说

一、研究目标

本研究的总体目标：在要素市场化背景下，探讨农地流转合约稳定性与农业生产投资的关系，验证合约约束力是影响合约稳定性并制约农户投资的重要因素。在此基础上，进一步分析合约约束力对农地流转市场合约结构与规模经营发展的影响，揭示社会信任、法治强度对合约约束力的作用机制，为有关乡村治理、法治建设相关政策的制定提供参考。基于研究的可行性和数据的可获性，本研究的总目标可分解为四个子目标。

研究目标一：通过理论分析与对比，归纳已有研究中农地经营权稳定性的影响因素，并实证检验农地流转合约安排对转入户农业生产投资的影响及合约约束力的调节效应。

研究目标二：通过理论分析，比较不同合约约束力条件下农户选择的不同类型与期限合约收益的差异，进而探讨合约约束力对农地流转市场书面合约与长期合约面积占比的影响机理，实证检验合约约束力对农地流转市场中合约选择的影响，进一步阐明合约约束力对流转市场资源配置的含义。

研究目标三：分析农地流转履约环境对农地规模经营发展及稳定性的影响，揭示农地流转、合约约束力对农地规模经营程度及稳定性的影响机制。

研究目标四：探讨要素市场化背景下，社会信任与法治强度对合约约束力的影响及机制。

二、研究内容

结合以上研究目标，本书主要内容将从以下四方面展开。

研究内容一：合约安排对农业生产投资的影响及合约约束力的调节效应。本部分在已有研究经营权稳定性的内涵的基础上，从合约履约角度考察合约约束力对农户农业生产投资的影响，具体包括农业基础设施投资和农业机械投资，利用黑龙江、河南、浙江和四川4省的农户调查数据，实证检验合约安排、合约约束力对农户农业生产投资行为的影响。

研究内容二：合约约束力对农地流转市场合约结构的影响。本部分在探讨不同形式和期限合约异质性的基础上，比较不同合约约束力条件下农户选择不同类型与期限合约收益的差异，进而推断合约约束力对农地流转市场选择书面合约与长期合约农地面积占比的影响。利用黑龙江、河南、浙江和四川4省的农户和村庄调查数据，实证检验不同合约约束力条件下流转市场中选择书面合约和长期合约的农地面积占比的差异。

研究内容三：合约约束力对农地规模经营发展及稳定性的影响。基于合约约束力对流转农地权益明晰性与受益持续性影响的理论分析，探讨农地流转市场的合约约束力对农地规模经营发展及稳定性的影响，利用农业资源禀赋和经济发展差异显著的黑龙江、河南、浙江、四川4省的村庄与农户跟踪调查数据，实证检验农地流转、合约约束力对农地规模经营程度及稳定性的影响机制。

研究内容四：分析社会信任与法治强度对合约约束力的影响。本部分在要素市场化背景下，分析社会信任和法治强度对合约约束力的影响，利用黑龙江、河南、浙江和四川4省的农户与村庄调查数据，实证检验不同社会信任和法治强度下农地流转合约约束力的差异。

三、研究假说

结合以上研究内容，提出有待检验的研究假说。

研究假说一：农地流转中签订书面、长期的合约对转入户的农业生产投资具有激励效应，但合约约束力不足会影响签订书面与长期的合约的稳定性，进而削弱了这种激励效应。

研究假说二：合约约束力是影响农地流转市场合约结构的重要因素，合约约束力的弱化会降低流转市场中选择书面合约和长期合约的农地面积占比。

研究假说三：农地流转市场合约约束力不足会增加农地规模户经营权益不确定性与受益不确定性，不仅制约了规模户的形成与扩展，从而降低农地规模经营程度，而且会削弱规模户经营的稳定性。

研究假说四：在要素市场化背景下，社会信任的弱化对合约约束力有负向影响，法治强度的提升对合约约束力有正向影响。

第四节 数据来源与研究方法

一、数据来源

依据研究目标，下文有待检验的研究假说包括四个部分：农地流转合约安排与转入户农业生产投资及合约约束力的调节效应，合约约束力对流转市场合约结构的影响，合约约束力对农地规模经营发展及稳定性的影响，社会信任与法治强度对合约约束力的影响。参照研究内容中实证分析的要求，选择合适的变量及相关测度方法以获取实证模型需要的数据，主要包括农地流转合约安排、农业生产投资、农地规模经营发展、农户家庭特征、村庄特征等数据，村庄合约约束力与履约环境相关指标。

本书选择课题组开展的"粮食规模化生产情况"调查数据进行实证分析，数据的调查情况、调查内容及本书选取的数据情况介绍如下。（1）调查情况。在综合考虑地域分布、经济发展、社会文化以及种植结构的基础上，选择差异明显的黑龙江、河南、浙江和四川4省开展调查。课题组于2015年开展第一轮调查，2018年进行追踪回访调查，两期调查的范围涵盖了4个样本省份的16市（县）32镇（乡）128村。追踪调查时，由于部分前期样本退出农业生产或有事外出等原因，两期农户样本并非完全相同，其中，2015年调查的农户样本涵盖128村的1040个农户，2018年追踪和补充样本共调查了128村的1033个农户。（2）调查内容。调查问卷主要分为农户问卷和村庄问卷两个部分。其中，农户问卷的调查对象为抽取农户样本的户主，主要调查的内容包括家庭人口及就业信息、户主非农就业经验、收入与支出信息、家庭农业经营基本情况、耕地流转情况及合约信息、地块投入产出信息、农业生产投资情况、自然灾害与保险购买情况、社会资本与信贷、时间偏好实验。村庄问卷询问村干部，主要调查的内容包括村庄土地特征、人口与经济特征、农业生产与农业保险情况、土地承包与确权情况、耕地流转与纠纷情况、宗族关系与人情、农业规模经营情况、自然灾害。（3）本书实证选取的数据。根据实证分析需要，从调查数据中提取的主要内容包括农户家庭经营农地信息及农地流转合约信息、农业生产投资信息、家庭人口和户主特征、耕地经营和流转、农机持有情况、社会资本信息、村庄层面的耕地流转市场、流转纠纷与解决情况、农业政策支持、村庄区位条件等基本信息。

除此之外，在研究问题的提出、分析与论证过程中，也直接或间接地引用了部分公开出版的统计年鉴、统计资料及学术出版物中记录或转引的相关数据。主要包括以下几方面。

（1）由中华人民共和国统计局编著的1981年至2021年的《中国统计年鉴》，主要包括全国与乡村人口数量、城乡居民人均可支配收入、民间纠纷调解数量及合同纠纷一审案件收案数量等数据。

（2）由中华人民共和国统计局编著的2000年至2021年的《中国农村统计年鉴》，主要包括农业机械、农村住户农业固定资产投资等数据。

（3）由中华人民共和国农业农村部编著的2000年至2019年的《中国农业统计资料》，主要包括乡村农户数量、家庭承包经营耕地面积、耕地流转农户数量、耕地流转面积、签订农地流转合约数量及面积、主要农业机械年末持有量等数据。

（4）由中华人民共和国农业农村部农村经济体制与经营管理司编著的

2011 年、2014 年、2016 年的《农村经营管理情况统计分析报告》中的部分省份耕地流转等相关数据。

（5）由农业部农村经济体制与经营管理司与农业部农村合作经济经营管理总站合编的 2011 年至 2017 年的《中国农村经营管理统计年报》，由农业农村部农村合作经济指导司与农业农村部政策与改革司合编的 2018 年《中国农村经营管理统计年报》，由农业农村部政策与改革司编著的 2019 年至 2020 年的《中国农村政策与改革统计年报》中的年度农村家庭承包耕地流转纠纷及调处数量等数据。

二、研究方法

本研究遵循 SPQR 的研究范式，从当前农地流转合约的规范化并未明显改善农业生产投资的现实问题出发，结合已有文献中关于农地流转合约与经营权稳定性的分析归纳理论问题，并进一步提出研究假说；在受控条件下进行特定样本的信息和数据收集，构建模型检验研究假说，最终得出结论。在不同的研究阶段采取的研究方法主要有理论分析法、实地调研法、实证分析法。其中，研究问题的提出阶段采用理论分析法，通过分析产权理论的假设与适用条件，提出本研究的理论问题和研究假说；在数据收集阶段采用实地调研法，根据研究假说确定调查的主要内容，科学地选择调查区域、范围、对象和方式，以收集真实、可靠的数据为实证分析打好基础；在假说检验阶段采用实证分析法，在检验合约安排对转入户农业生产投资的影响及合约约束力的调节效应、合约约束力对流转市场合约结构的影响和社会信任与法治强度对合约约束力影响的实证分析时，分别采用 Probit 模型、IV-Probit 模型、工具变量模型等进行分析。

三、技术路线图

根据本书的研究思路与主要内容，绘制研究技术路线图如图 1-1 所示。

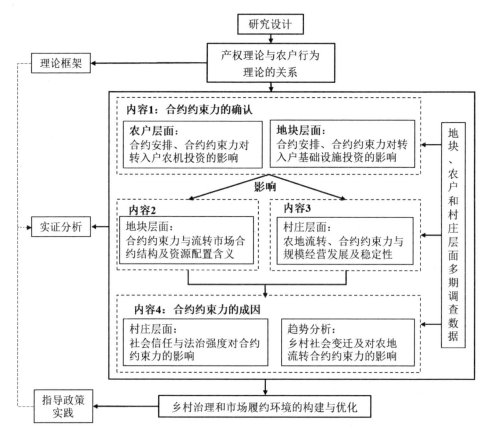

图1-1 研究技术路线图

第五节 结构安排

本书主要分为四大部分。第一部分结合农地流转合约"规范化"与农业生产投资普遍不足的现状,与已有研究经营权稳定性促进农业生产投资的结论不符提出研究的现实问题,分析农地流转中合约安排对农业生产投资的影响及合约约束力的调节效应,将合约约束力引入合约安排与农业生产投资的分析框架,以探讨其如何影响农户投资行为的理论问题及会受到什么因素的影响,并设计本研究目标、内容与框架,对应本书的第一章。第二部分在归纳与农地流转市场中合约理论、产权稳定性与农业生产投资相关研究文献的基础上，总结理论基础、提出研究思路、构建分析框架、界定相关概念，从农户投资收益分析出发，探讨农户转入地的合约安排对农户投资收益的影响及合约约束力的调节效应，进而分析合约约束力对农地流转市场合约结构的影响，并进一步探究要素市场化条件下社会信任与法治强度对合约约束力的影响，对应第二章至第四章。第三部分主要为研究假说的实证检验，利用实际调查数据中的农地流转合约与投资信息、农户特征、村庄履约环境与特征等数据，分别检验转入地的合约安排对农业生产投资的影响及合约约束力的调节效应，合约约束力对流转市场合约结构的影响，合约约束力对农地规模经营及稳定性的影响，社会信任与法治强度对合约约束力的影响，依次对应第五章至第八章。第四部分为本研究的主要结论，并提出相关政策建议及进一步的研究展望。本书结构与内容安排如下。

第一章，引言。描述我国的农地流转市场合约规范化与农业生产投资现状提出的现实问题，在梳理不完全合约与产权稳定性的基础上提出本书研究的科学问题，并依次介绍研究意义、研究目标、研究内容、研究方法及研究创新与不足。

第二章，理论基础与文献综述。本章首先界定相关概念，然后梳理农户行为理论、技术变迁理论、合约理论等理论基础，并从合约安排与流转农地经营权稳定性及农业生产投资、农地流转合约选择的影响因素、要素市场化背景下社会信任与法治的演变四个维度梳理相关已有研究的主要方法与结论，进而提出本书的研究思路和方向。

第三章，分析框架与研究假说。本章以农户投资收益理论分析为基础，分别讨论合约稳定性对农业生产投资的影响，从而提出农地流转合约安排对农户投资决策的影响及合约约束力的调节效应，确定合约约束力是否为影响农户投资决策的因素。在此基础上，进一步分析合约约束力对流转市场中选择书面合约与长期合约的农地面积占比的影响，并从要素市场化角度探讨社会信任与法治强度对合约约束力的影响。

第四章，中国农地流转与农业生产投资状况与变化趋势。本章主要介绍要素市场化背景下，农村劳动力的大量转移带来的乡村社会变迁、农地流转市场的发展与农业生产投资变化趋势，为本书的理论与实证分析和未来趋势的判断提供相关的背景知识。

　　第五章，合约安排对农户农业生产投资的影响及合约约束力调节效应。本章在农地流转合约稳定性对农业生产投资收益理论分析的基础上，分析转入户的农地流转合约安排、合约约束力对农业生产投资行为的影响，选取黑龙江、河南、浙江和四川4省农地转入户的抽样调查数据，利用农户投资决策模型实证检验合约安排、合约约束力对转入户不同类型农业生产投资的影响。

　　第六章，合约约束力对农地流转市场合约结构的影响及资源配置含义。本章主要比较不同合约约束力条件下农户选择不同类型与期限合约收益的差异，分析合约约束力对流转市场选择书面合约与长期合约面积占比的影响，并利用黑龙江、河南、浙江和四川4省农户层面和村庄层面的数据进行实证检验，并进一步阐明其资源配置含义。

　　第七章，农地流转市场发育、合约约束力与规模经营发展及稳定性。本章基于合约约束力对流转农地权益明晰性与受益持续性影响的理论分析，探讨农地流转市场的合约约束力对农地规模经营发展及稳定性的影响，利用农业资源禀赋和经济发展差异显著的黑龙江、河南、浙江、四川4省的村庄与农户跟踪调查数据，实证检验农地流转、合约约束力对农地规模经营程度及稳定性的影响机制。

　　第八章，社会信任与法治强度对合约约束力的影响。本章主要在要素市场化背景下，考察传统的社会信任与现代的法治强度对农地流转市场中合约约束力的影响，并运用社会文化、经济发展差异明显的4省128村农户和村庄层面的调查数据进行实证检验。

　　第九章，研究结论与政策含义。本章总结了本研究的主要结论并提出可能的政策建议，同时提出值得扩展的研究方向。

第六节 研究创新与不足

一、研究创新

本研究可能的创新之处在于以下三点。

第一，拓展和丰富了产权稳定性的内涵。既有研究大多选择合约类型与合约期限分析流转农地经营权的稳定性，进而探讨其对农地的配置和农户投资行为的影响，暗含的假定条件是合约条款可以完全执行，忽略了现实中履约环境和合约约束力对合约的可操作性与可执行性的影响，事实上这可能使得合约界定的产权变得不充分，不能或只能部分发挥其理论上应有的作用。本研究重点关注农地流转中的合约履约问题，将合约约束力引入合约安排与农业生产投资的分析框架，修正传统研究仅从合约类型与期限角度分析流转农地经营权稳定性的模式，探讨农地流转合约稳定性对农业生产投资的影响以揭示抑制农户投资的原因。

第二，从合约约束力角度分析农地流转合约选择的影响因素，突破传统从农户异质性角度分析的一般性结论。针对合约选择的影响因素的研究文献，多从微观层面的农地禀赋、农户特征、产权制度等角度进行分析，已难以在解释合约选择差异中得出新颖的见解。在考虑合约履约的基础上，本研究分析合约约束力对农户选择不同类型与期限合约收益的影响，进而探讨合约约束力对农地流转市场书面合约与长期合约面积占比的差异，能够为分析农地流转合约地区的差异问题提供新的视角，有助于补充和丰富农地流转合约选择的影响因素。

第三，从社会信任与法治强度两个角度，揭示履约环境对合约约束力的影响机制，有助于认识要素市场化背景下农地流转市场发展与社会信任、法治强度之间的联系。现有文献针对农地流转市场与制度关系的研究并不多见，本研究在乡村社会变迁的背景下分析农地流转市场的资源配置，阐述乡村人口流动带来的社会信任衰退与现代法治建设不完善引致的法治强度不足，探讨社会信任与法治强度对流转市场合约约束力的影响。进一步结合合约约束力对农地流转市场合约结构影响的研究结论，揭示要素市场化背景下社会信任与法治强度对农地流转市场资源配置的影响，有助于强化乡村社会治理中正式与非正式制度和市场关系的认识。

二、研究不足

第一，本研究虽然对于合约约束力进行了定量分析，但并没有找到可以直接度量合约约束力的指标，书中仅把农村农地流转合约执行率和纠纷解决率作为代理变量进行测度。实际上，合约约束力是一个复杂的问题，不仅会受到是否有相关法律条文可以参照，以及是否有相关机构协助解决问题的影响，同时还会受到解决纠纷的时间成本、货币成本、人情成本等众多因素的影响，而后者往往具有不确定性、长期性和隐蔽性，导致可能存在合约约束力很强，但由于索赔成本高导致追责方主动放弃的情形，呈现的合约约束力与本文的分析结果可能存在一定偏差。

第二，本研究未分析承包权稳定性对投资的影响。尽管近年来在全国范围内开展的新一轮农地确权、颁证，通过"四至清楚、确权到户"的方式明确了承包权，耕地承包权的稳定性有了明确的法律保障。但不排除部分地区存在调地的传统，确权不确地，或确权、确股不确地，导致部分地区仍然存在耕地承包权不稳定的现象。鉴于本研究重点之一是考察合约约束力对农地流转市场的影响，而农地流转中不会涉及承包权的转移，因而研究中并未分析耕地承包权稳定性。

第三，本研究对履约环境的演变停留在定性分析和截面数据的验证，未能通过数据实证检验理论分析的履约环境的演变过程，主要原因在于历史数据的追溯和回顾难度较大，而且即使能够收集，获得的数据与过去的真实情况也存在偏差。

第二章
理论基础与文献综述

针对研究的主要内容，本章首先界定研究的核心概念，然后系统阐释农户行为理论、诱致性技术变迁理论及合约理论，为下文的理论分析和模型构建做铺垫。在此基础上，进一步梳理与农地流转合约与产权稳定、农地经营权稳定与农业生产投资、农地流转合约选择的影响因素、要素市场化背景下履约环境的演变等内容相关的研究，提出本书研究的重点与方向。

第一节　概念界定

一、农地流转合约

农地流转合约，又称合同、协议，是农地流转过程中交易双方或多方为在彼此之间确定合法权利与义务而达成的协议，其特点是具有法律强制力。为了保障农民土地的合法权利，政府鼓励在农地流转中签订合同，并对合同规范做出相关说明，如《中华人民共和国农村土地承包法》①第四十条规定"土地经营权流转合同一般包括以下条款：双方当事人的姓名、住所，流转土地的名称、坐落、面积、质量等级，流转期限和起止日期，流转土地的用途，双方当事人的权利和义务，流转价款及支付方式，土地被依法征收、征用、占用时有关补偿费的归属，违约责任"，2016 年农业部印发的《农村土地经营权流转交易市场运行规范（试行）》中也要求"保障耕地流转公开、公

---

① 中华人民共和国农业农村部. 中华人民共和国农村土地承包法 [EB/OL]. 中华人民共和国农业农村部，2020-02-17.

正、规范，要求流转双方订立合同约定流转期限、用途、价款、违约责任等"。然而，现实中的农地流转合约并非如法律法规中要求的规范，口头约定也十分常见。本研究中的农地流转合约是转出方与转入方在农地经营权转移中达成的协议，既包含口头形式的非正式约定，也包含签订的书面正式合同。同时，研究分析的合约选择主要包括合约类型与合约期限两方面，其中合约类型分为口头与书面两类，合约期限即为流转双方约定的流转年限，有长期和短期之分。

二、合约约束力

合约约束力反映的是已成立的合同对缔约方产生的效力，一般表现为依法成立的合同具备的法律效力。根据《中华人民共和国合同法》规定，缔约对象就条款达成一致，形成具有法律效力的要约与承诺即成立合同，在行为人具有民事行为能力、意思表示真实且不违反法律或公共利益的条件下达成有效合同。有效合同具有法律效力，要求当事人应当按照约定履行自己的义务，不得凭借单方面的意志与要求而变更或解除约定，且这种效力受到国家强制力的保障。除此之外，合约的执行往往也会受到如道德、惯例、风俗、村规民约等非正式制度的影响，即非正式制度对合约也会产生约束力。在传统乡村社会中，长期稳定的人际交往和活动范围，构建起了以血缘、地缘为基础的具有差序格局且稳固的社会关系，形成的伦理道德、风俗习惯、宗教文化、村规民约等非正式制度对人们的行为产生潜移默化的影响。任何违约行为的信息都相当容易在村民之间传播，代价是信用或信誉的破裂，将违约行为转化为一种社会压力，从而形成一种约束力以保障合约的执行。本书研究的合约约束力，既包括由法律、法令、规定、条例等依靠国家强制力保障形成的约束力，也包含由道德、惯例、风俗、村规民约等形成的约束力。

三、农业生产投资

农业生产投资是农业生产中为获得收益而进行的要素投入，通常根据要素的不同属性有三种常见的分类方式。第一种是根据农业生产投资的成本回收期或受益期限的长短划分为短期投资和长期投资。短期投资在单个农季就可以收回，如劳动力、化肥、农药等；长期投资的成本需要多个农季才能收回，如农业机械、排水沟渠、平整土地、有机肥等（Gebremedhin et al.，2003；马贤磊，2009；Birungi et al.，2010；Abdulai et al.，2011；郜亮亮等，2011；Evans et al.，2015；张弛等，2017；张建等，2019）。第二种是根据投资是否具有锁定效应，分为与土地相连的投资和与土地非相连的投资。通常而言，与土地相连的投资类型主要有农家肥、有机肥、改良土壤、平整土地等改善作物种植条件的投资，还包括灌溉水渠、田间道路、打井等与生产相关的基础设施建设（钟甫宁等，2009；徐志刚等，2021）；而与土地非相连的投资主要有农业生产机械（旋耕机、插秧机、植保机、收割机、脱粒机、拖拉机等），以及仓库、畜舍等与特定地块不相连的设施。第三种是根据投资主体划分为政府投资和个人投资（尹贻林等，2007；姚东，2014；王红娜，2014）。其中，政府投资主要指由国家公共项目资金扶持，以满足农业生产需要的基础设施与服务等方面的投资（张雷宝，2004；张继道，2012；张同龙等，2017），如田间主干道路、桥梁和灌溉水利设施等（陈铁、孟令杰，2007）；私人投资主要是个人或企业为获得产出或为改善生产条件进行的投资（陈浪南等，2007），如生产资料、机械设备、劳动雇佣等内容（Jacoby et al.，2002；Ma et al.，2013）。本书研究的农业生产投资主要包括农户进行的"与土地关联"的农田基础设施投资和"与土地非关联"的农业机械投资。

第二节　理论基础

一、农户行为理论

农户作为农业生产最基本的经济组织，农户行为理论主要是研究农户为实现自身目标最优化的行为选择与决策，其行为既包括资源利用、技术应用、种植选择和经营投入等生产行为，也包括家庭生活、闲暇等消费行为。学界对农户行为展开了深入的理论研究，基于农户生产行为的目标分类，主要可分为以下三类。第一，以 Schultz（1964）为代表的理性小农理论认为，农户作为"经济人"其行为决策都是理性的，会依据生产投入品和产出品的价格信息，对各种资源进行合理有效的配置从而达到帕累托最优。Popkin（1979）指出在权衡利益与风险的基础上，小农以利益最大化为目标做出的行为决策是完全理性的。至于传统小农的"贫穷"局面，主要原因是传统农业生产投资收益率低导致了农户缺乏投资积极性。第二，以恰亚诺夫为代表的自给小农理论认为，农户的行为决策目标以家庭效用最大化为出发点，而非经济利益的最大化，小农经济非理性且效率低。农户的行为决策机制由劳动供给和家庭消费来决定，在保障家庭最低生活水平条件下闲暇效用和收入效用边际替代率趋于无穷大，在满足家庭最低生活水平后，劳动投入会处于收入效用和闲暇效用的边际替代均衡点，即农户会在劳动取得收入给家庭带来的满足感无法弥补劳动带来的辛苦程度时停止投入劳动。第三，以黄宗智为代表的历史学派综合了自给小农和理性小农学派的理论，认为农户行为是在不完全信息下的有限理性的。农户的行为决策目标既是利益最大化，也是家庭效用最大化。在我国由于土地资源稀缺，劳动力的边际回报降到极低的水平，农户为维持生计依然不计劳动边际回报地投入劳动，造成了我国农业的"过密化"。

二、诱致性技术变迁理论

在农户模型中，生产要素价格变化必然带来不同要素之间的相互替代，重新组合生产要素的投入能够降低成本以实现利润最大化的决策目标。基于增长理论，Hicks（1932）发现在要素市场的价格变动时，生产技术的变革会向节约价格上涨要素的使用量的方向发展，经济的增长主要受到稀缺资源的制约，但这种制约作用会在丰裕要素替代相对稀缺要素的技术进步中得到缓解。这一理论分析是诱致性技术变迁理论的原型，为要素稀缺度及其要素价格的相对上升以及由此引致的技术变化提供了一个非常独特的分析视角。Binswanger（1974）通过构造诱致性技术变迁的模型分析要素价格与技术的关系，发现要素的相对价格是影响生产者技术选择与技术发展方向的主导因素。Hayami 等学者（1985）在希克斯理论模型的基础上构建了诱致性技术与制度创新模型，通过比较国家之间农业发展的差异，阐述了具有内生性的技术与制度变革往往由初始的资源禀赋与积累、经济发展历程中形成的产品需求等经济力量所诱导，并可以通过这类技术与制度变革来弥补地区在某类资源禀赋的不足，这一理论是重要的农业增长理论，也被称为"希克斯—速水—拉坦—宾斯旺格"假说（速水佑次郎等，2000）。在我国，农业资源的初始禀赋呈现农地稀缺、劳动力相对富裕的特征，但随着工业化和城市化的迅速发展，劳动力的大量转移导致了相对价格不断上升。根据诱致性技术变迁理论，劳动力相对价格的变化将诱导劳动节约型技术的创新与发展，例如，机械技术的进步可以解决由无弹性的劳动力供给带来的制约（郑旭媛，2015；封永刚，2018），生物技术的发展能够减弱由无弹性的土地供给农业发展带来的制约。经济增长中的诱致性技术变迁促进了农业生产要素投入结构的调整和农业生产方式的转变。

三、合约理论

科斯认为合约安排是一种节约交易费用的替代方式，明确界定产权则会促使谈判双方通过订立合约，从而寻找和选择使各自利益损失最小化的合约。交易主体对合约的选择在于合约制度安排节约了其运作的成本，这是现代合约理论的核心和设计交易合约的最基本原因。

合约理论关注的核心是信息不对称导致的交易成本，研究认为在信息完全的条件下，交易双方彼此之间都能够准确把握交易对象的相关信息，并不需要合约来界定相关事宜也能达到完美的预期交易结果（黄少安，2004）。然而，市场交易中的信息不对称和不完全情况是普遍存在的，合约双方在签订合同之后，由于合约履行行为缺乏监督或者合约制定不合理，合约一方为了自己的私利，总是有损害对方利益的动机，造成市场经济中的资源配置效率低下，故需要合约关系组织来约束和规范相关行为。根据信息的完善程度，合约理论可以划分为完全合约理论和不完全合约理论，其中，完全合约是指缔约双方能完全预见合约期内所有可能发生的意外事件，且愿意遵守双方所签订的合约条款，而当某一方对合约条款产生争议时，第三方中立机构（如法院或仲裁机构）能够强制执行（罗必良，2012）。然而，在现实中由于信息的不对称性导致交易主体间签订的合约不对等（张静，2009），偶然性突发事件难以被预计或证实，合约执行的交易费用高昂导致一方产生机会主义行为等，交易双方只能签订一个适应性的合约，导致了合约的不完全。科斯指出合约无法在事前毫无遗漏地规定当事人在未来所有可能承担的责任和义务，现实中的合约很难是完全的。Williams（1979）在交易成本中引入了关系型合约的思想（Grossman et al.，1986；Hart et al. 1990），运用不完备合约的概念对关系型合约的存在空间进行解释。

第三节　文献综述

针对"农地流转合约呈现规范化趋势，但转入户投资不足"的现象，本研究重点关注农地流转中的合约履约问题，将合约约束力引入合约安排与农业生产投资的分析框架，探讨农地流转合约约束力与产权稳定的内在联系，并进一步分析农地流转合约履约机制及影响因素。研究中需要关注以下五点。第一，现有研究中农地经营权稳定性的内容是什么？第二，在农地流转市场中，农地流转合约安排对农业生产投资有什么影响？存在的约束条件是什么？第三，农地流转履约行为的决策机制是什么？会受到哪些因素的影响？第四，农地流转合约约束力对农户行为决策会产生什么影响？第五，要素市场化条件下乡村履约环境演变呈现什么特点？如何影响农地流转市场的合约履约问题？下文将依次从农地流转合约与产权稳定性、农地经营权稳定性对农业生产投资影响、农地流转履约行为与影响因素、农地流转合约选择的影响因素、要素市场化背景下乡村履约环境的演变五方面的相关研究进行综述。

一、农地流转合约与产权稳定性的研究

产权稳定主要描述产权拥有者所拥有的权利在特定时期内的确定状态，即在产权有效的期间内所拥有农地权利不会遭到随机改变或侵犯。结合已有研究针对产权稳定性的分析，认为产权稳定一般含有法律稳定、事实稳定与感知稳定三个层次，其中，产权的法律稳定一般通过是否有正式的土地登记或国家颁发的土地证书来衡量（Feder et al.，1998；Domeher et al.，2012；马

贤磊等，2017）；事实稳定多采用实际持有状况和农地调整经历测度（Brasselle et al.，2002；仇童伟等，2017）；而感知稳定往往通过农户对于未来农地调整预期或未来失去农地的可能性来分析（Deininger et al.，2006；吉登艳等，2015；仇童伟，2017）。而关于农地产权稳定性的研究，主要从农地的行政性调整、农地承包期限、农地流转合约三个维度展开。

第一，农地的行政性调整。改革开放以来，国家相关法规制度不断强化农村农地产权，持续延长农户享有的承包权（Sun et al.，2017；王钏等，2019），其中，第一轮的土地承包自从 1983 年前后开始，首期承包期多为 15 年；第二轮由国务院 1993 年公布的《关于当前农业和农村经济发展的若干政策措施》规定，"农村土地在第一轮承包期满后再延长 30 年"，并提倡承包期内"增人不增地，减人不减地"；第三轮由国务院 2019 年公布的《关于保持土地承包关系稳定并长久不变的意见》规定，在"第二轮土地承包到期后再延长三十年，保持土地承包关系稳定并长久不变"。然而，制度的实施运行与制定并未完全一致，部分区域农地的政策性调整仍时有发生（Qiao et al.，2015；洪炜杰等，2018）。学者们研究认为土地调整会降低产权稳定性，农地调整次数越少，农地使用权越稳定，农业生产中农户进行长期决策的可能性越高（朱民等，1997；马贤磊，2009；饶芳萍等，2016）。

第二，农地承包期限。在家庭联产责任承包初期，农地使用权期限通常只有 2~3 年，农户自留地与转入地的不同承包期限体现了不同的产权稳定性，有学者通过分析农户在自留地和集体地的投资行为来验证农地使用权的稳定性（黄季焜等，2001；Lawry et al.，2016；Li et al.，1998），发现自留地和责任田这两种不同的使用权制度对土地投资行为存在明显差异，更细致地比较这两种类型地块的使用权的稳定性，即期限长短来识别不同使用权制度对投资的影响，发现期限更长的使用权促进了节约土地的投资。随后国家政策强调延长土地承包期，在第一轮十五年承包期期满时延长三十年，在第二轮期满后将再延长三十年，并强调现有土地承包关系长久不变。与此同时，减免农业税、使用权"长久不变"后，以往文献关注到的自留地、责任田、承包田的差异越来越小。

第三，农地流转合约。随着农村人口持续流向城镇，我国农地流转市场规模迅速扩大，农地流转合约安排与农地产权制度的作用机制一样，都是通过界定农地权利归属与期限以影响流转农地的经营权稳定性（仇童伟等，2020）。从农地流转合约类型看，不同形式合约背后保障机制的差异，可能引致转入农地经营权的稳定性存在一定差异。口头合约空口无凭，在流转期限、租金、违约条款等方面的内容不完善，通常依赖与社会信任机制的保障，而书面合约对租金形式、期限等规定可能更为详尽，且具有相关法律法规的背书，往往被认为这类合约的经营权更稳定（Macours，2002；罗必良等，2013）。从农地流转合约期限看，短期合约下的农地经营权频繁更换农户，亦被视为经营权不稳定（陈奕山等，2017）。一方面，经营权的频繁转移会打消农户进行与农业生产相关的长期投资，以规避投资遭遇"敲竹杠"的风险（Leight，2016）；另一方面，流转期限过短往往诱致掠夺式经营现象的发生（姚洋，1998），如造成农地土壤的长期肥力的减退（俞海等，2003；Li et al.，2018）。

针对流转市场中农地经营权的稳定性，已有研究一般认为书面与长期形式的农地流转合约，能更有效地保障农户经营权的稳定性（Crawford，1988；Place et al.，1994），不仅对租金形式、期限等规定可能更为详尽，而且能够维系更稳定的流转关系。然而，研究达成这一共识暗含的基本假定是书面合约的条款完全执行，对于农地流转市场中合约履约问题关注不足。由于外部环境的复杂性，信息难以被观察到或证实，缔约双方仅能在有限理性基础上达成合约（Grossman et al.，1986），合约的设计无法考虑到所有问题和可能性，许多突发事件或可能发生的情形被遗漏而导致了合约的不完全（朱文珏等，2016）。即便一份合约内容设计完美，但第三方"洞察"缔约双方可观测的重要信息困难或成本很高，也可能导致合约执行的不完全（Macaulay，1963），同时资产的专用性会产生事后的道德风险，预期不足、制度缺陷等也会导致合约的约束力不足，从而随时中断合约的实施。所以，合约的执行需要依赖于"抵押、触发策略、声誉、信任"等保护机制（Hart et al.，1990；付江涛，2016），倘若保护合约执行的机制不健全、不完善，合约缺乏有效约束力，会导致书面、长期的农地流转合约存在违约风险，单单依靠合约形式或条款并不一定能保障流转农地经营权的稳定性（胡新艳等，2019）。

从现实来看，我国流转市场中影响合约履约的因素主要体现在以下两方面。一方面，是保障合约执行的制度不完善。可以归结为三点。第一，涉及农地经营权流转的法律法规存在一定的适用性冲突。由于颁布时间、政策背景的差异，涉及农地经营权流转的部分法律规范存在矛盾（李学清等，2011；张占锋，2018），可能引发流转中多元主体的权利纠纷与利益冲突，不仅会导致农地流转合约内容的失效，还存在利益双方矛盾激化的风险（杨勇，2013；杨遂全等，2020）。第二，农地流转纠纷的仲裁、调解机构不健全。根据《中华人民共和国农村土地承包法》第五十五条①，村民委员会、乡（镇）人民政府调解是解决农地流转纠纷的最主要途径。在我国的农地产权构架中，土地承包经营权的流转实际上受到行政管理部门、村集体组织与农地承包人三方主体的制约（张颖，2010），村委会、乡（镇）人民政府是农地流转的参与方或利益方（张明君，2013），其作为"运动员"与"裁判员"的双重身份调解农地流转合约纠纷，很难保证结果的公平与公正。第三，流转缔约往往缺乏有效的担保机制与担保品。由于农地产权的特殊性与复杂性，以及流转双方利益的多元化，尚缺少有效的担保机制与担保品来增加农地流转合约的违约成本，促进和保障合约的严格执行。

另一方面，是合约纠纷执行的交易成本高。从农户角度来看，纠纷发生时是否选择调解或仲裁，取决于解决纠纷的成本收益的比较，但纠纷解决的程序烦琐、周期长会产生高昂的交易成本，严重制约了被违约方索赔的积极性（张磊等，2018）。针对四川、湖南的6市水稻种植大户的调查统计结果显示，农地流转纠纷案件调解的平均耗时长达13天；世界银行发布的《中国营商环境报告2008》中指出审理一件普通的商业纠纷，在东南沿海平均花费230天时间，在东北地区需要363天时间（李坤望等，2010；李俊青等，2017）；同时调解或仲裁过程中，还涉及人情往来、社会资本等成本（江激宇等，2018）。农地流转纠纷调解时间长，交易成本高，导致众多的流转纠纷和矛盾不了了之，违约行为得不到惩罚或力度不足，合约当事人可能明目张胆违约，书面、长期的合约往往成为一纸空文，并不能有效保障转入户的农地权益。

---

① 因土地承包经营发生纠纷的，双方当事人可以通过协商解决，也可以请求村民委员会、乡（镇）人民政府等调解解决。当事人不愿协商、调解或者协商、调解不成的，可以向农村土地承包仲裁机构申请仲裁，也可以直接向人民法院起诉。

在现阶段我国城镇化发展不完全的背景下，法律制度和执法机构不健全，农地流转合约实施所需的担保机制（刘凤芹，2003）、权属证明、司法仲裁机关等配套制度不完善（叶剑平等，2010；付江涛等，2016），同时流转纠纷的调解时间长，交易成本高，导致农地流转市场的合约存在较大的违约风险，而这无疑会削弱农地流转书面与长期的合约的稳定性。

二、农地经营权稳定性与农户农业生产投资的研究

一直以来，农地产权制度处于农村制度的核心地位，农地产权的稳定性对农户生产行为与农地流转市场发展会产生深刻的影响（冀县卿、钱忠好，2010；李宁等，2017；Brandt et al.，2017）。在流转市场中，农地经营权的稳定被认为是促进农地流转市场发展和保障农业生产投资的关键（俞海等，2003；郜亮亮等，2011），因而备受关注。以世界银行为代表的组织与学者在非洲、拉美和东南亚国家或地区做了许多研究工作并达成了共识（Alchian et al.，1973；Feder et al.，1991；Abdulai et al.，2008；Kolady et al.，2010；Michler et al.，2015），农地经营权的稳定能够激励投资的原因主要集中在两方面。第一，稳定的产权具有担保效应。由于农业生产投资的收益具有长期性，长期稳定的经营权有利于保障农户获得投资在未来的经济收益，进而激励农户的生产投资积极性（Besley，1995；Gao et al.，2012）。第二，稳定的产权具有抵押效应。在发育不完全的农村金融市场中，信息的不对称会提高农户获得金融服务的难度，农地作为重要的资产，是最好的抵押物品，能够更容易地从农村金融市场获得援助以缓解流动性约束，从而可以增加对土地的投资（周南等，2019）。

然而，从农户角度来看，农业生产投资决策取决于投资成本与收益的比较（钟甫宁等，2009），由于农业生产投资收益的长期性，长期稳定的经营权有利于保障农户获得投资在未来的经济收益，进而激励农户的生产投资积极性（仇焕广等，2017；胡雯等，2020）。已有研究主要从两方面分析。第一，农地经营权的稳定性是影响农户农业生产投资决策的重要因素。大量学者通过研究产权稳定性与土地改善性投资的关系时发现，稳定的农地经营权能够有效加大农户绿肥或有机肥的投入力度（Carter et al.，1998；俞海等，2003；

黄季焜等，2012；邸亮亮等，2013）；也有研究显示受制于农地细碎化和劳动力机会成本提高，产权稳定性对农业生产投资的影响十分有限（许庆等，2005；Kung et al.，2000；陈铁等，2007）。然而，钟甫宁等（2009）在考察农地产权与农业生产投资的关系时发现，农户经营农地产权稳定性并不是影响农户投资的主要因素，原因在于农户投资的收益主要受到要素禀赋的约束，农地产权稳定性的改善带来的收益有限。值得注意的是，理论分析的农地经营权稳定性对农户投资决策的影响在现实中并不一定能观测到，主要原因在于影响农业生产投资收益的因素除农地产权稳定性外还有很多，如农户的经营能力、资本约束、经营规模、技术可获性等（张笑寒等，2019；方师乐等，2020），但不可否认的是农地经营权的稳定性是影响农户投资决策的重要因素。

第二，农地经营权的稳定性对不同类型投资的影响存在差异。研究中根据农业生产投资"锁定效应"的差异，将投资划分为与土地关联的投资和与土地非关联的投资，主要区别在于与特定地块相连的投资附着于农地，一旦农户失去农地经营权，这类投资基本无法转移或变现；而不与特定地块相关联的投资，在农地经营权转移后能够通过转售或其他形式变现，进而导致了农户对于不同类型投资的决策的差异（许庆等，2005；马贤磊，2009；邸亮亮等，2011；Zheng et al.，2012；应瑞瑶等，2018）。多数实证研究结论支持上述观点，Brandt 等（2002）认为农地的调整频率会降低农户进行有机肥料投入的积极性，Jacoby 等（2002）的农户调查数据也显示农户对经营农地权利的预期会显著影响有机肥料的使用。随后，许庆等（2005）利用中国农村居民六省农户调查数据实证检验农地产区对不同类型投资影响的差异，结果显示农地调整会影响与改善土壤肥力的投资，但整体的影响效果并不显著。

现有研究关于流转市场农地经营权的稳定性对农业生产投资的影响，通常选择农地流转合约的类型与期限来测度农地经营权的清晰和稳定，但忽略了现实中履约环境和合约约束力对合约可操作性与可执行性的影响，事实上这可能使得合约界定的产权变得不充分，不能或只能部分发挥其理论上应有的作用。同时，尽管研究多从投资的锁定效应角度分析认为产权稳定性主要影响与土地关联的投资，并不会影响与土地非关联的投资，但是农业生产投资（包括与土地非关联的投资，如农业机械等）具有很强的专用性，在不稳定的经营权下能够通过变卖或外包等方式获得投资收益（李宁等，2019），也往往面临较高的交易成本和不确定性（郜亮亮，2020），因此，尽管转入农地经营权的稳定性对非关联性投资的影响可能不如其对关联性投资的影响强烈，但稳定的经营权同样会激励转入户进行与土地非关联的投资，尤其是要素替代需求较高的规模经营主体。

三、农地流转履约行为与影响因素研究

随着农地流转市场的快速发展，流转合约履约问题频发引起的利益纠纷日益凸显，逐渐引起政府和学界的普遍关注。农地流转中的违约，既有来自土地流出方的违约，比如，合同未到期就随意提高流转土地的租金或收回土地等；也有来自土地流入方的违约，比如，向土地流出方交付土地租金时间延迟或金额不足等（林乐芬等，2021）。通常，在农地流转中"经济理性"的农户是否违约，往往取决于违约成本与收益的比较，已有文献从多个角度进行了研究。

从违约风险来源来看，除了常见的水灾、旱灾、高温、霜冻等自然灾害外，还有市场、政策、契约、经营等多重因素可能引致承租者违约。①自然风险，主要是指农业的弱质性决定了环境、气候、病虫害等不可力抗的自然因素容易导致农地经营主体的生产损失，进而引起的租金支付违约（李丹，2021；侯学博等，2021）。②市场风险，农产品同质化竞争、产品供需不匹配、市场销售半径短等因素，尤其是农产品价格大幅波动（吕军书等，2018），导致农业经营收入减少而可能影响其租金支付能力（吕军书等，2017）。③政策风险，农地流转政策落实程度与频繁变化影响经营决策，如政府通过行政干预与政策补贴引导农地经营权流转，在一定程度上推高了农地租金，但当面临政策变动或调整时显露出"根基不稳""难以为继"（汤玉权等，2022；丁永潮等，2022），同时也引致农地"被流转"、租金虚高等问题（曾红萍，2015；刘汉成等，2019）。④合约风险，主要是合同不规范、合同条款歧义，抑或是经营主体不明确、合同内容虚化违约责任（吕军书等，2017）等引起的租金支付违约。⑤经营管理风险，主要是农地承租户经营管理不善导致农地经营的规模经济效益低，甚至产生经济损失而无力支付租金

产生的违约（刘屹轩等，2019）。与此同时，非农就业与社会保障的条件不稳定，以及利益驱使下的"敲竹杠"也可能诱致农地转出户的违约行为（崔美龄，2021）。

除此之外，社会道德、信誉、法律法规等外部机制也是影响流转履约行为的重要因素。由于合约的不完全，其履行依赖于外部的保护机制（Hart et al.，1990）决定的违约成本，如抵押、声誉、信任、法制、仲裁等（刘凤芹，2003；叶剑平等，2010；付江涛等，2016），倘若保护合约执行的机制不健全、不完善，违约行为得不到有效惩处时，可能诱致农户违约。广泛存在的农地流转违约将影响农地权益的稳定性，一方面，导致流转市场合约的非规范化与短期化而制约农地流转市场的发展（郭金丰，2018；仇童伟等，2020），诱导农业生产决策追求短期的高回报，导致土地质量退化与污染，影响农地利用的可持续性（李博伟，2019；张露等，2021）；另一方面，制约农户农业生产性投资（徐志刚等，2021），影响农户经营能力与农地利用效率的提升。

四、农地流转合约选择的影响因素研究

农地流转合约的选择关乎收益与风险在流转双方之间的分配（Song et al.，2015）。为保障农户土地的合法权益和规范农地流转市场的发展，相关法律条文对合约应包含的内容做出说明，如《中华人民共和国农村土地承包法》第四十条规定，"土地经营权流转合同一般包括以下条款：双方当事人的姓名、住所，流转土地的名称、坐落、面积、质量等级，流转期限和起止日期，流转土地的用途，双方当事人的权利和义务，流转价款及支付方式，土地被依法征收、征用、占用时有关补偿费的归属，违约责任"。由此可见，农地流转中的合约涉及的内容十分丰富，本节重点分析农地流转合约最受关注的合约类型与合约期限两方面，其中，常见的农地流转合约类型包括口头合约与书面合约两类，合约期限可以根据期限的长短划分为长期合约和短期合约。以下将依次梳理影响合约类型与合约期限选择的相关研究。

（一）农地流转合约类型的影响因素

从合约类型看，农地流转达成的合约方式主要有口头协商与书面合同两类，达成的合约分别称为口头合约与书面合约。通常而言，书面合约中往往写明了流转期限、租金、违约条款等方面内容，明确划分了交易双方的权利与责任，而且一旦发生违约事件可以引入第三方的介入，"白纸黑字"的合约能够提供凭证以保障自身权益。与口头协商形式的合约相比，书面合约更清楚、更有保障地界定了流转双方的权利，但会面临着较高的交易成本，因而合约类型的选择会受到农地流转风险程度与交易经济利益的影响，尤其是交易费用（方华等，2013）。张五常（2000）将风险规避与交易成本引入合约理论的分析，发现不同合约安排下的市场风险与交易成本存在差异，实则是通过合约将市场风险在缔约双方之间分配。

尽管国家法律与政策均鼓励农地流转应当签订书面合同，但采用口头协商形式流转的农地仍占有相当比例。钟涨宝等（2003）调查显示农地流转大部分都发生在农户之间，而且超过四分之三的流转都是口头约定的；叶剑平等（2006）调查的农地流转中选择口头合约的农户占比达到90%；朱强（2010）研究表明农户间自发的农地流转中有60%以上的农户选择口头合约。根据《中国农业统计资料（2018）》中耕地流转的统计数据分析，在2017年流转的耕地中有1.62亿亩通过口头形式的合约流转，占比达到流转耕地总面积的三分之一。大量研究表明，选择口头合约流转不仅可以降低交易成本，还是规避农地流转交易风险的有效途径之一，主要原因在于传统乡村"熟人社会"中农户行为决策具有明显的"人情取向"特征，人际交往中不仅会考量经济利益，声誉、信任和忠诚等长期的人情利益也被关注（折晓叶等，2005；张海丰等，2021），这种长期频繁的交往互动也能够为农户带来一定隐性的收益（钟文晶等，2013），因而农地转出户更愿意选择口头合约将农地转包给亲友（孔祥智等，2010）。一方面，人情是农地流转中的重要规则（罗必良等，2013），口头合约能够在血缘或亲邻关系的范围内寻找认同感，而签订书面合约是对彼此信赖的一种否认（徐勇，2010）；另一方面，通过长期的交往，农户与农户之间的信息高度对称，与签订书面合约相比，农户之间口头约定形成的口头合约的交易成本趋近于零（李霞等，2011）。因此，特殊环境下的"熟悉"农户之间的农地流转并不需要书面合约，交易费用更低的口头合约是最佳选择。

调查研究显示，口头合约与书面合约流转的农地在对象选择、农地价值、租金等方面存在系统差异。邓大才（2007）对比不同流转模型下合约选择的差异，结果显示在村集体或政府主导的农地流转中仅有 21.69% 的农户选择口头合约，而农户自发的流转中选择口头合约的比例高达 76.45%。洪名勇等（2013）发现农户会根据不同的对象选择不同的合约形式，与亲朋好友之间的农地流转相比，将农地流转给外村人或陌生人时选择书面合约的比例明显增加。陈奕山（2017）在分析农地流转租金时发现，与选择口头合约的农地流转相比，选择书面合约流转农地的地块面积更大，选择货币租金的占比更高（郭阳等，2019），且转入户的经营能力更强，支付的货币租金更高（邹宝玲等，2019）。随着城镇化的发展，农地转出户与转入户比例的变化会促进更多的转出户选择书面合约（陈奕山，2017；朱文珏等，2020）。除此之外，也有大量研究分析农地行政调整、农地确权、要素市场化等因素对农户农地流转合约类型选择的影响（马贤磊，2009；饶芳萍等，2016；付江涛，2016；应瑞瑶等，2018；洪炜杰等，2018；施小燕等，2019；李江一，2020）。

（二）农地流转合约期限的影响因素

张五常（2000）指出农户选择长期合约与短期合约的关键并不是长期或者短期合约是否有效率，而是为什么流转中缔约当事人会选择不同租期（朱文珏等，2016）。农地流转期限是影响转入户农业生产投资的关键因素（Besley，1995；徐珍源等，2010；Ding et al.，2013；刘文勇等，2013；李勤等，2016），因而农地能否长期稳定地流转显得尤为重要（王景新，2001）。通常而言，长期合约与短期合约相比具有更低的交易成本，往往能够稳定农地经营者的预期而更具合理性（Crawford，1986；Place et al.，1994；邹伟等，2019），农地经营的期限过短或不明确可能会引致农户采取掠夺式的经营方式（姚洋，1998；付江涛，2016）。

现有关于流转期限影响因素的研究主要基于预期收益与风险的比较。由于农业生产投资不只作用在一个作物种植周期，投资收益具有长期性的特征，而收益的长期性往往意味着面临一定风险。从农户角度来说，是否进行一项投资不仅会考虑每期的投资收益，而且会考虑投资收益期经营风险的大小，根据投资成本与收益关系选择合适的投资期限（Crawford，1986；Place et al.，1994），当面临较高风险时农户会选择期限更短的投资。在农业生产中，潜在的经营风险也会影响农地流转中农户的合约期限选择。结合已有文献来看，影响农户合约期限选择的因素主要包括以下两方面。第一，农地转出户家庭特征的异质性会影响农地未来收益的预期，导致不同农户流转期限长短偏好的差异。主要的因素不仅包括户主特征、家庭特征、社会关系等个体或农户层面特征（陈柏峰，2009；常伟，2015；Kim et al.，2017），还包含对流转收益的期望（骆东奇等，2009）、专用资产持有情况（Klein et al.，1978；刘丽等，2017）、谈判能力（邹宝玲等，2016）等能力差异特征，除此之外，地区的流转组织形式（李勤等，2016）和地域特征（Wang et al.，2017；Zhang et al.，2017）等区域特征也可能带来农户流转期限选择的系统性差异。第二，农户对风险的预期同样显著影响了流转期限，而影响农户风险预期的因素主要有农地制度的稳定性（Shaban，1987；刘文勇等，2013）、经营者特征（徐珍源等，2010）、流转市场发展（孙月蓉等，2015；吴学兵等，2016）、政府与政策引导（钱忠好等，2016；李伟伟等，2016）。同时，由于社会保障水平不足，农地依旧承担着重要的就业与养老保障功能，徐珍源等（2010）认为养老保险与失业保险是影响农户流转期限选择的重要因素，农户对非农工作不确定性的担心，会引致制定短期合约以便于随时收回农地（Awasthi，2009；Tian et al.，2012）。那些具有较强的非农就业能力的农户则更加可能长时间转出农地（Qian et al.，2015；李勤等，2016）。此外，缔约对象之间的关系也会通过影响预期收益与风险来影响农户农地流转期限的选择（邹宝玲等，2016）。

已有研究从农地禀赋、农户特征、产权制度等角度分析了影响农地流转合约类型与合约期限的影响因素，赵德起等（2018）认为合约形式的不规范、期限短等因素会降低农地利用效率，口头协商形式的合约具有不稳定性特征，缔约对象的亲缘性、缔约形式的不规范性、农民普遍存在的价格幻觉（高建设，2019）可能引发农地流转合约相关纠纷（贾生华等，2003；罗必良等，2013）。同时，值得注意的是区域农地流转合约类型与期限的系统性差异是否与此相关，主要的影响机制是什么，现有研究尚未进行深入分析。农地制度与履约环境等因素诱导了不同的合约选择，在合约双方之间产生不同的激励效应与收入分配效应，不仅会影响农户的生产行为决策，还会影响农地流转市场的资源配置效率。

五、要素市场化背景下社会信任与法治强度的演变

传统乡村的农民是"依附"于土地的，在稳定的生产和生活空间中形成了差序格局。在农村地区，土地作为最重要的生产资料，为农民提供了最基本的生活所需（姚洋，2000），在机械动力尚未广泛应用的年代，交通工具的限制下农户的活动范围十分有限，田间地头、动土建屋等体力活独家独户无法或很难完成，亲友、邻里的互帮互助自然是"众人拾柴火焰高"，农民的生产劳动与日常活动均离不开由耕作土地形成的空间范围。人们在长期稳定空间范围内活动，互相熟悉、相互依存，社会关系网络相互错交，交往活动的博弈具有重复性和关联性，根据交往的频率，以血缘、地缘等为纽带的乡村社会差序格局逐渐形成（费孝通，1998）。农村地区相对封闭，人与人之间的频繁交往中积累的声誉、名望等构建起的社会信任成为乡村人际交往的基础，在重复交易中转化为共同知识、协调行动和集体决策，降低了交易成本并成为大量交易的重要保证（章仁俊等，2007）。因此，社会信任作为非正式制度是影响经济的重要途径和因素（Fukuyama，1995），在社会稀缺资源的配置中也发挥了重要作用。现有研究重点强调了社会信任对促进市场发育、提高社会福利的影响，认为社会信任度高不仅有助于改善一定地域范围内的市场合作或交易秩序，通过强化社会内部的信息传递、协调合作和惩罚等机制提高市场的有效性；而且能够激励产品、技术、制度的创新，提高人力资本积累的回报，从而实现更高的经济利益。周海文等（2019）研究发现社会信任度的提高能够有效规避风险，创造人情收益，从而显著影响流转租金，Tang 等（2019）认为社会信任可以降低交易成本从而提高农地流转租金，如社会信任能够节约信息搜寻、谈判和事后监督等交易成本。

然而，要素市场化的发展打破了维系传统稳定的地缘关系的基础。正如费孝通先生所言，乡村社会在血缘、地缘上构筑起来的"道德共同体"，形成以差序格局和家族伦理为纽带的社会关系，这种独特的传统乡村的"熟人社会"特征依赖于人与人长期、频繁的交往互动。在要素市场化的过程中，生产生活方式的转变直接冲击着传统农村的社会运行模式，以平等、自主和法制为基本特征的竞争性市场经济从根本上改变了传统农村经济的生产方式与

社会结构（周家明，2015）。一方面，机械动力的普及降低了农业生产中互帮互助、抱团行事的需求，劳动的专业分工使得从前一己之力无法完成的事项可通过外购市场服务完成；另一方面，人口流动数量的增加和活动范围的扩大，增加了人际交往互动中未来收益的风险，使得人际交流更注重当前利益。同时，物质条件的丰富刺激了经济交换行为，经济理性逐步替代了社会理性。乡村社会变迁的突出特点体现为以下几方面。第一，大量劳动力外出务工导致了传统的家庭模式解体，传统的主干家庭、核心家庭等逐渐演变成"空巢家庭""单身家庭"，农村结构也随着家庭模式的变迁而发生改变，传统宗族、乡绅等维系农村社会的治理结构逐渐松散和衰退（曹广忠等，2013；吴小英，2017；孙鹏飞等，2019）。第二，利益的多元化打破了传统乡村的不同主体围绕农业生产和日常生活构建起的社会关系网络，人口的大量转移带来的以血缘和地缘为主的社会交往关系逐渐被以地缘和利益争夺为核心的社会关系模式取代（周家明，2015）。第三，经济利益取向与理性化思维方式改变了社会交往的行为动机，频繁的人口流动打破了传统社会中"有来有往""礼尚往来"交往模式的基础，市场经济条件下的平等、自由、民主、法治等观念逐渐深入人心，理性化思维成为人们权衡利弊的主要方式，社会冲突的主要原因由伦理冲突转变为利益冲突（石克焕，2012；郑容坤，2019）。

随着要素市场化的发展，乡村"熟人社会"逐步向"半熟人社会"或"陌生人社会"转变（贺雪峰，2000；张翠娥等，2015），传统乡村社会结构与社会信任不断分化，"法律作为一种象征国家力量的正式制度，逐渐成为规范人际关系和利益冲突的主导性因素"（刘同君，2013；杨嵘均，2014；王露璐，2015）。王珏（2018）指出信任存在于付出与回报的动态反馈形成的"信任链"之中，长期稳定的活动空间促进了"信任链"的良性循环，一个阶段内付出与回报基本对等能够维持社会信任的传递。在社会信任度较高的环境中，失信行为的代价是信用或信誉的破裂，失信的标签会增加后续人际交往或交易成本，从而带来长期利益的损失（江激宇等，2018）。然而，乡村人口的大量、频繁流动打破了"信任链"的良性循环，社会活动中的失信者可通过迁移，改变生活区域以减少失信行为可能导致的长期损失，即降低了失信面临的"惩罚"，付出者也可能由于未来回报的不确定性或风险增加而变得谨慎，从而撕裂了建立在"熟人社会"基础之上的社会信任的传递机制。在此背景下，国家法律为逐渐陌生化的乡村社会提供规范，其规则的普遍性和惩罚机制的强制性（董磊明，2008；刘同君，2011；马华等，2018），成为村民与村民、村民与政府之间约束相互责任和义务的工具，以及解决乡村社会纠纷的最主要依据。法律制度作为一种行为规范或规则引导人们的行为，排除一些行为并限制可能的反应，同时以潜在的国家强制力对违反规则的行为予以约束或处罚；人们一般会基于法律制度的约束，惮于违约可能招致的惩罚而遵循法律制度和规范自身行为（郭继，2009），从而形成良好的社会秩序和规范。如果离开强有力的政府，社会秩序往往没那么容易得到保障（徐志刚等，2011）。

结合农地流转市场来看，维系合约履行的机制逐步由传统的"社会信任"向"法律制度"演变，引致象征着"法律效力"的书面合约正逐步取代口头合约。在传统乡村的"熟人社会"，农地流转市场中的口头合约的履行主要依赖人与人之间的信任，尽管口头合约在法律层面的权利保护上口说无凭，但社会信任能够通过信息在乡村内部充分、深入、广泛地传递，使违约的失信者在未来的日常生活中难以立足，惩罚对仅于获得"蝇头小利"的违约方是"得不偿失"的。在此情景下，社会信任降低了口头合同所蕴含的违约风险，依赖社会信任维系的口头合同履约率极高。然而，乡村熟人社会的陌生化，缔约者不敢过于奢望社会信任的约束而寄希望于法律制度。法律制度以国家强制力为背书，通过规定违约成本，确保缔约方的合法权益，使合同当事人如约履行合同，防止混乱和任意行为，以降低未来可能的违约风险。选择书面合约，依靠法制机制来约束和防范农地流转合约履行风险成为越来越多农户的理性选择，即使是发生在"熟人社会"成员之间的农地流转。自 2003 年《中华人民共和国农村土地承包法》开始，国家以法律形式确定了农户承包权与合法权益；随着农地流转市场的扩大，先后颁布了以《中华人民共和国农村土地承包经营纠纷调解仲裁法》等为代表的法律法规，逐步形成了相对完善的法规体系以规范流转行为和执行方式。然而，与法律法规的制定相比，我国法律法规的实施还相对滞后，执法力度与执法水平不足，以及实施过程中过度的行政干预致使整体法治水平较低，当农民的权益受到侵犯时往往难以得到实质性的法律保护（阎晓磊等，2019；孔云峰，2020）。同时，从地区差异来看，尽管所处的国家政策环境基本一致，但区域之间的市场化进程、政府干预、传统文化、法治执行等方面差异甚大（李秀玉，2009；Qiu et al.，2019），不同地区的履约环境和流转市场中合约约束力存在明显差异。

现有文献针对农地流转市场与制度关系的研究并不多见，近年来有研究关注法治建设与企业出口贸易的关联性，尽管研究对象有所差异，但是研究的方式方法值得借鉴。Nunn（2007）在研究司法环境与国际贸易的关系时发现，司法审理中的合约执行能力与贸易比较优势呈现正向关系，进而指出合约执行能力在解释贸易模式中比实物资本和熟练劳动力更具有说服力。这些研究的启发是完善法治建设和提升法治强度能够优化市场交易的履约环境，对保障农民农地的合法权益和收入以及提升农地市场的资源配置效率具有重要的现实意义。

六、文献述评

总体上，国内外学者广泛关注了农地流转中的合约选择、产权稳定与农户行为之间的关联与影响，研究成果较为丰富，为本研究认识和理解农地流转市场相关内容的关联提供了有力参考，但还存在可进一步拓展的空间。

第一，现有关于流转合约与产权稳定关联的研究假定与现实存在"冲突"，需要进一步深入和拓展。现有研究农地经营权稳定与农户投资生产决策的文献，多从农地流转合约的类型与期限的角度讨论经营权稳定性，这类研究暗含的基本假定条件是农地流转合约条款是可以完全执行的，忽略了现实中履约环境和合约约束力对合约可操作性与可执行性的影响，事实上这可能使得合约界定的权益变得不充分，不能或只能部分发挥其理论上应有的作用。现代产权理论认为，产权明晰并能保证资源配置最佳并不仅仅要求产权界定具有明晰性、专有性和可转让性等要求，还要求产权界定具有可操作性，而这一点恰恰是多数实证研究忽视或重视不够的地方。

第二，存在新的研究视角解释农户合约选择差异与流转市场合约结构差异。针对农地流转合约选择的影响因素的研究，多从微观层面的农地禀赋、农户特征、产权制度等角度进行分析，已难以在解释农地流转合约选择差异中得出新颖的见解，也不足以解释农地流转市场合约规范化与农业投资不足的问题。在考虑合约履约的基础上，本研究分析了合约约束力对农户选择不同类型与期限合约收益的影响，进而探讨合约约束力对农地流转市场书面合约与长期合约面积占比的差异，能够为分析农地流转合约地区差异问题提供新的视角。

第三，关于农地市场与社会制度关系的研究解释力不足，研究内容尚有许多方面值得深入。关于农地流转市场要素配置的研究，探讨农地流转市场与社会制度关系的研究并不多见，尤其是在乡村社会变迁中正式与非正式制度的转变对农地流转市场的影响及机制。随着要素市场化的迅速发展，乡村人口流动带来了社会信任的衰退，同时现代法治建设的不完善可能引致法治强度不足，由于社会信任与法治强度将直接影响合约约束力，而不同约束力可能诱导农地流转市场的农户选择不同的合约，在合约双方之间产生不同的激励效应与收入分配效应，而这不仅会影响农户的生产行为决策，还会影响农地流转市场的资源配置效率，从这个角度开展的研究并不多见。研究探讨要素市场化背景下社会信任和法治与农地流转市场资源配置的关系，有助于强化乡村社会治理中正式与非正式制度对要素市场化资源配置关系的认识，能够为乡村治理相关政策的制定提供参考。

第三章
分析框架与研究假说

　　针对"流转市场合约呈现规范化趋势，但转入户投资不足"的现象，本研究重点关注农地流转中的合约履约问题，将合约约束力引入合约安排与农业生产投资的分析框架，探讨农地流转合约稳定性对农业生产投资的影响，并进一步分析不同合约约束力下农地流转市场合约结构的异质性。同时，结合要素市场化的发展，分析社会信任与法治强度对合约约束力的影响，从而阐明履约环境对农户决策和市场资源配置的影响。本研究从合约履约角度分析农地流转合约稳定性，一方面，拓宽了研究视角，丰富了产权稳定性的内涵；另一方面，考察履约环境对农地流转市场的影响，以期更全面地分析农地流转市场资源配置的影响因素。

　　本章将重点介绍本研究的分析逻辑与框架，主要分为五部分：第一，根据经济学理论与已有研究，针对本书提出的现实问题搭建分析框架；第二，利用农户投资决策模型，分析合约安排对农户生产投资的影响及合约约束力的调节效应，以探讨合约约束力对农户农业生产投资的影响；第三，分析合约约束力对农地流转市场合约结构的影响，通过比较在不同合约约束力条件下农户选择不同类型与期限合约的权益不确定性的差异，分析合约约束力对流转市场书面合约与长期合约面积占比的影响，进一步讨论其资源配置含义；第四，分析合约约束力对规模经营发展的影响，揭示农地流转、合约约束力对农地规模经营程度及稳定性的影响机制；第五，在要素市场化背景下分析乡村社会履约环境变化的特点，考察社会信任与法治强度对农地流转市场中合约约束力的影响和机制。

第一节 分析框架

农户的投资决策取决于成本收益的比较。由于农业生产投资的收益具有长期性,农地流转合约稳定性是保障投资收益从而激励转入户投资的关键。合约稳定性是农地经营权稳定性的重要内容,一方面,取决于合约的内容。农地流转中的口头合约空口无凭,在流转期限、租金、违约条款等方面的内容不完善,相较于书面合约并不规范,往往被认为是不稳定的合约关系(罗必良等,2013);同时,农地流转合约期限短导致频繁的更换农户,亦被视为不稳定(陈奕山等,2017;兰勇等,2020)。因此,书面与长期合约被作为判断流转合约稳定的重要指标,其对农户的投资决策具有激励效应。另一方面,取决于农地流转合约能否有效执行。合约的设计无法涉及所有问题和可能性,以及第三方获取重要信息困难或成本高等问题,可能导致合约执行的不完全,合约的执行需要依赖于"抵押、触发策略、声誉、信任"等保护机制(付江涛,2016),倘若保护合约执行的机制不健全、不完善,合约缺乏有效约束力,亦会导致书面、长期的农地流转合约存在违约风险。因而,合约约束力是调节书面与长期合约,激励农户农业生产投资的重要因素。

不仅如此,合约约束力还会影响农户的合约选择与农地流转市场合约结构。农地流转合约的选择关乎收益与风险在缔约双方之间的分配,合约约束力不足导致合约缺乏有力保障,不仅会增加书面合约界定的农地权益的不确定性,降低农户选择书面合约追求权益稳定的动机;而且会带来长期合约收益的不确定性,弱化农户选择长期合约追求持续受益的意愿。在合约约束力不足的条件下,"理性"的农户会选择与特定对象达成口头合约,或者选择短期合约来降低被违约的风险。因而,合约约束力会影响农地流转市场中选择书面合约与长期合约的农地面积占比。现实中选择不同类型与期限合约的转入户特征与农地利用方式的异质性,将进一步影响农地利用效率和流转市场的资源配置。

合约约束力的形成离不开其所处的环境。在农地流转市场交易中,缔约者是否违约,取决于违约成本与收益的比较,社会信任与法治是调节违约成本以形成合约约束力的重要因素。在传统乡村的熟人社会中，长期稳定的人际交往和活动范围，构建起了以血缘、地缘为基础的具有差序格局且稳固的社会关系，任何违约行为的代价是信用或信誉的破裂，失信的标签会增加后续人际交往或交易成本，从而使长期利益有所损失，因而社会信任作为一种特殊的履约机制，对激励和约束每个成员的经济行为发挥了重要作用。随着要素市场化的发展，人口的频繁流动打破了原有的"熟人社会"差序格局的关系模式，削弱了合约治理中传统乡村"非正式"制度约束，逐步向以现代法律制度为代表的"正式"制度约束演变，而地区之间社会信任与法治强度的差异，无疑会形成不同的合约约束力，影响着农地流转市场的违约成本与合约执行，进而影响农地流转市场发展与农地资源配置。

综上，本研究在分析合约稳定性与农业生产投资关系的基础上，探讨农地流转合约安排对转入户的农业生产投资的影响及合约约束力的调节效应，并进一步结合要素市场化分析社会信任与法治强度对合约约束力的影响，从而探讨社会信任与法治对农地流转市场合约结构的影响及资源配置含义。本研究的分析框架图如图3-1所示。

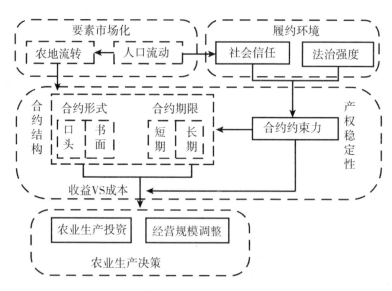

图3-1 农地流转市场合约履约机制与影响分析框架图

第二节 合约安排、合约约束力对农业 生产投资影响的理论分析

本节将通过比较不同农地流转合约下投资收益的差异，以分析农地流转合约安排对转入户农业生产投资的影响及合约约束力的调节效应。构建农业生产投资收益的函数如式（3-1）所示。

$$\pi = \sum_{n_1 = 1}^{n_i} \lambda_i \times R_i(W) - W \qquad (3-1)$$

式（3-1）中 π 为农户的农业生产投资收益，W 为农户一项农业生产投资的投资额，投资 W 在第 i 期的回报值为 $R_i(W)$，回报值在第 i 期的贴现率为 λ_i，转入户的流转期限为 n 年（$n=1, 2, 3, \cdots$），转入户的经营期限为 n_i（$0<n_i \leq n$）。据上式分析可知，农户投资收益的影响因素主要包括第 i 期的回报值 $R_i(W)$ 和转入户的经营期限 n_i，以下将分别进行分析。

第一，第 i 期的回报值 $R_i(W)$ 主要由农户的要素禀赋决定。参照恰克诺夫（1996）等农户模型设定的一般形式，农户生产中追求家庭效用的最大化，其效用函数取决于家庭消费商品的数量 G_X 和家庭闲暇的总时长 T_X，其中，商品数量 G_X 和闲暇时间 T_X 满足"非餍足"商品的特征。①

$$U(X) = U(G_X, T_X) \qquad (3-2)$$

式（3-2）的要素约束条件：

$$P_G \times G_X = P_A \times Q - P_V \times V + P_L \times T_L + E \qquad (3-3)$$

式（3-3）为收入约束方程，各变量的含义：P_G 代表家庭消费品的价格，G_X 代表家庭消费品数量，P_A 代表家庭农业生产的产品价格，Q 代表农业生产的农产品总量，P_V 代表农业生产投入要素的价格，V 代表农业生产的要素投入量，P_L 代表劳动力市场的工资率，T_L 代表家庭劳动力参与劳动的时长，E 代表农户的其他收入，包括转移支付、财产性收入等。

---

① 即 G_X 与 T_X 分别满足 $\dfrac{\partial U}{\partial G_X}>0$，$\dfrac{\partial^2 U}{\partial G_X^2}<0$；$\dfrac{\partial U}{\partial T_X}>0$，$\dfrac{\partial^2 U}{\partial T_X^2}<0$。

$$Q(X) = Q(M, V, T_A) \tag{3-4}$$

式（3-4）为技术约束方程，即农业生产函数，M 代表农业生产的农地总面积，V 代表农业生产的要素投入量，T_A 代表农业生产劳动投入总时长；$Q(X)$ 为生产函数，满足要素投入边际产量为正且递减的基本特征。

$$T = T_X + T_A + T_L \tag{3-5}$$

式（3-5）为时间约束方程，T 代表家庭所有劳动力禀赋，T_X 代表家庭闲暇总时长，T_A 代表农业生产劳动投入总时长，T_L 代表参与非农劳动力市场的劳动时长，若在劳动力市场受雇，$T_L > 0$；若在劳动力市场雇工，$T_L < 0$。

$$V = V_0 + V_W \tag{3-6}$$

式（3-6）为投资约束方程，V_0 代表农户初始已有投资，V_W 代表农户的新增投资，设定 $V_W \geq 0$。

将技术、时间、投资约束方程代入收入约束方程（3-3）合并约束条件得到：

$$P_G \times G_X + P_L \times T_X = P_A \times Q - P_V \times V + P_L \times (T - T_A) + E \tag{3-7}$$

则在约束方程（3-7）的条件求解农户效用函数（3-1）的最大值，对应的拉格朗日方程：

$$£ = U(G_X, T_X) + \lambda[P_A \cdot Q - P_V \cdot V + P_L \cdot (T - T_A) + E - P_G \cdot G_X - P_L \cdot T_X] \tag{3-8}$$

根据前文函数 $U(X)$、$Q(X)$ 的设定，判断内生变量 G_X、T_X、V、T_A、V_W 存在内点解，且最优解的一阶条件为零，整理后得到农户投资需求函数：$V_W = F(P_G, P_L, P_A, P_V, M, T, E)$。一方面，在农户最优决策的前提下，投资 V_W 带来的单期回报可 $R_i(W) = \Delta\varphi = \varphi_{V_M = V_M^*} - \varphi_{V_M = 0} = P_A \times [Q(M, V_0 + V_M^*, T_A) - Q(M, V_0, T_A)]$，受到了包括生产产品的价格、可变要素的价格、土地和劳动禀赋条件的影响，即在实际经营年限一定的前提下，投资带来的单期回报 $R_i(W)$ 越大，农户进行投资的可能性越大；另一方面，$\frac{\partial V_W}{\partial M} > 0$，也表明农户经营面积的扩大会增加农户的投资需求（Tan，2008；Otsuka et al.，2016；卢华等，2016；唐轲，2017）。

第二，转入户的经营期限 n_i，即农地转入户实际经营的期限，不仅取决于农地流转合约的安排，还取决于农地流转合约能否有效执行。已有研究检验流转市场农地经营权稳定性时，多选用农地流转合约的类型与期限等指标进行衡量。一般而言，流转市场中的书面合约比口头合约更为正式，对租金形式、期限等规定可能更为详尽，转入户的经营权更稳定（李博伟，2019），因而农地流转中签订书面合约与长期合约的转入户实际经营的期限越长，意味着投资 W 的回报期较长，在相同的年度回报值R_i（W）条件下会带来更高的投资收益 π，进而提高转入户农业生产投资的意愿。然而，这一结论暗含的假定条件是合约完全执行。

从现实来看，由于外部环境的不确定性、复杂性，信息难以被观察到或证实，缔约双方在有限理性基础上达成合约（Grossman et al.，1986），合约的设计无法考虑到所有问题和可能性，许多意外事件与可能情形被无意或有意遗漏，合约的不完全是常态（朱文珏等，2016）。即便一份合约内容设计完美，但第三方"洞察"缔约双方可观测的重要信息困难或成本很高，也可能导致合约执行的不完全（Macaulay，1963）。同时资产的专用性会产生事后的道德风险，预期不足、制度缺陷等也会导致约束力不足，从而随时中断合约的实施。所以，合约的执行依赖于"抵押、声誉、信任"等保护机制（Hart et al.，1990；付江涛，2016），倘若保护合约执行的机制不健全、不完善，合约缺乏有效约束力，会导致书面、长期的农地流转合约存在违约风险，单单依靠合约类型或条款不一定能保障农地流转合约稳定性。即当合约约束力不足时，农户的经营活动可能由于农地流转合约违约而被迫中断，实际经营期限n_i小于合约约定的流转期限 n，且具有不确定性。由式（3-1）可知，农户的实际经营期限n_i减小意味着投资 W 的回报期缩短，在年度回报值R_i（W）相同的条件下会导致投资收益 π 降低，进而削弱转入户农业生产投资的意愿。详见图3-2。

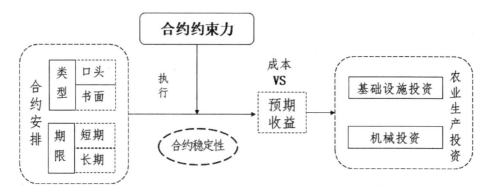

图3-2 合约安排、合约约束力对农地转入户投资决策的影响机制图

据此，本研究提出有待进一步检验的研究假说一：农地流转中签订书面、长期的合约对转入户的农业生产投资具有激励效应，但合约约束力不足会影响签订书面与长期合约的稳定性进而削弱这种激励效应。

第三节 合约约束力对流转市场合约结构影响的理论分析

在农地流转中，合约关乎收益与风险在缔约双方之间的分配，农户合约选择追求的是农地的权益明晰性与受益持续性。以下将对比不同类型与期限的合约，在界定农地权利与受益差异的基础上，讨论合约约束力对书面合约的权益不确定性与长期合约的受益不确定性的影响，分析不同合约约束力条件下农户合约选择行为的差异，从而探讨合约约束力对农地流转市场合约结构的影响，机制如图3-3所示。

第一，从合约类型看，书面合约与口头合约界定的农地权益明晰性存在差异。农地作为重要的生产资料，不仅是农户劳动就业和获取收入的重要途径，而且兼具社会保障、养老等多重功能，在流转交易中保证农地权益是合约缔结的重要内容。通常而言，书面合约中写明了流转期限、租金、违约条款等方面内容，明确划分了交易双方的权利与责任，对于违约事件可以引入第三方，"白纸黑字"的合约能够提供有效凭证。而以口头协商形式达成的合约，往往空口无凭，与其相比书面合约更明晰地界定了缔约双方的权责，降低了流转交易中农地权益的不确定性。具体体现为三点：一是，明晰农地权

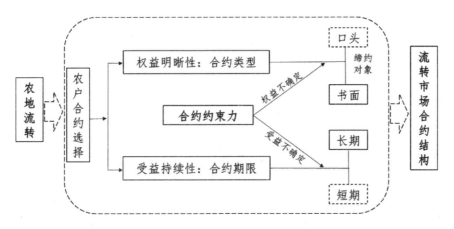

图 3-3　合约约束力对流转市场合约结构的影响机制图

益在缔约双方之间的分配，弱化了流转中的信息不对称，降低交易的不确定性；二是，明晰农地经营权，降低生产经营中农地变更导致的经营不确定性；三是，明晰收益分配权，降低事后机会主义行为可能导致的收益不确定性。

然而，书面合约降低农地流转权益的不确定性依赖合约的有效执行（王岩，2020）。尽管"白纸黑字"的书面合约明晰地界定了农地权益，但权益被侵犯时得不到有效保障或交易成本高，也会导致书面合约界定的农地权益变得不确定。在合约约束力不足条件下，书面合约与口头合约界定的农地权益的不确定性并无明显差异，合约约束力不足会降低农户选择书面合约方式保障权益稳定的意愿（王亚楠等，2015）。转出户可能采取的措施是选择流转给亲朋好友，将农地交易与人情交换联系在一起，以保障农地未来权益的稳定，在我国传统乡村中亲朋好友之间的农地流转往往选择口头形式的合约。因此，在合约约束力不足的条件下，农地流转市场中农户选择口头合约的可能性会提高，即合约约束力的弱化会降低农地流转市场中书面合约农地面积占比。

第二，从合约期限看，长期合约与短期合约在农地交易的受益持续性上存在差异。与短期合约相比，长期合约不仅能够增强农地经营的持续性，降低产权的频繁交易带来的经营不确定性，而且稳定的经营有利于经营者的投资与长期规划，以获得更高收益，农地转入户具有更高的租金支付愿意，长期合约相对于短期合约具有更高的租金（徐珍源等，2010；朱文珏等，2016），因而长期合约能够增强流转交易中受益的持续性。尽管长期合约可能面临一定的风险，在持续受益与风险的权衡下，"理性"的农户会选择自身效用最大化的合约期限：一方面，出于产权保护、就业保障等因素的考虑，农户可能会"让渡"部分租金，选择短期合约以降低风险；另一方面，当长期合约与短期合约收益的差额足够大的时候，农户也可能愿意承受长期合约带来的风险。

但是，合约约束力不足会增加长期合约受益的不确定性，增加了农户长期经营的风险，弱化了农地转入户的农业生产投资和长期经营的动机，从而降低了转入户为长期流转农地支付高租金的意愿。而这一方面会降低农户选择长期合约时承担风险的边际收益，另一方面缩小长期合约与短期合约租金的差距，从而削弱农户选择长期合约承担风险的意愿。转出户可能采取的措施是选择签订短期的农地流转合约，通过缩短流转期限、提高交易频率的方式减少由于约束力不足造成的不确定性，降低农地交易中的风险而保障收益的持续性。因而，在合约约束力不足条件下，农地流转市场中农户选择短期合约的可能性会提高，即合约约束力的弱化会降低农地流转市场中长期合约农地面积占比。

据此，本研究提出有待进一步检验的研究假说二：合约约束力是影响农地流转市场合约结构的重要因素，合约约束力的弱化会降低流转市场中书面合约和长期合约的农地面积占比。

第四节　农地流转、合约约束力对规模经营发展及稳定性的影响

针对农地规模经营发展的约束条件及稳定性，已有研究从多方面进行了分析，主要包括以下方面。第一，社会性因素，由于农地具有多重功能，农户的恋地情结，生计策略及对农地流转的认知程度、预期收益、风险偏好等会影响农地流转行为以及农户的规模经营决策（李景刚等，2014；施海波等，2019；武舜臣等，2021）。第二，制度性因素，政府通过制度规定和行政干预引导农地经营权流转，在一定程度上推动了农地规模经营发展（杨广亮等，2022），但当政策变动或调整时显露出"根基不稳""难以为继"等问题（汤玉权等，2022；丁永潮等，2022），同时也引致了农地"被流转"、租金虚高

等问题（曾红萍，2015；刘汉成等，2019），压缩了收益空间，从而削弱了农户规模经营的动机与积极性。第三，资源禀赋因素，农地禀赋特征与分配制度决定了流转市场的零散供给，而其与规模户的连片、集中经营的生产需求不匹配，引致了农地的零散流转，进而制约了农地规模经营的发展（杨宗耀等，2021；周海文等，2019；孙敏，2022）。第四，效率因素，规模经营主体除了面临流转费用高、经营收益低、承包权转让难等多样化的问题（罗丹等，2013；刘同山等，2017），还面临着流转市场波动和产品市场风险的考验，如规模扩张有限、租金上涨、劳动生产率低、产品价格波动等风险（陈洁等，2010；杜志雄等，2019）。以上分析往往局限于农地规模经营的内在因素，对农地规模经营发展的外部条件关注不足，未能将农地规模经营的发展及稳定性的问题置于农村社会变迁的视野下进行分析。

随着农地流转市场与规模经营的发展，合约违约与利益纠纷的问题日益凸显。尽管政府在积极推动农地流转的同时不断强调市场交易的规范化，但农地流转合约违约行为及利益纠纷数量显著增加（徐志刚等，2021；许秀川等，2020）。有研究指出通过经营权流转实现农地集中经营是实现农地规模经营的先决条件，而良好的市场履约环境是农地规模化经营形成与稳定的基础（崔美龄等，2023）。在现有资源禀赋与分配制度下，农地总量有限且被细分，规模经营的发展依赖于农地流转实现资源的重新配置和集中。在农地流转交易中，合约决定了农地收益与风险在缔约双方之间的分配（Song et al.，2015），然而由于外部环境的不确定性与复杂性，合约的设计无法考虑到所有问题和可能性，合约的履行依赖于外部的保护机制（Hart et al.，1990），如抵押、声誉、信任、法制、仲裁等，外部保护机制形成的约束力的强弱会影响流转风险及其收益的分配。当前农地流转中广泛存在的合约违约现象将深刻地影响农户生产决策与农地流转市场资源配置，其对农地规模经营及稳定性的影响机制主要包括以下方面。

第一，农地流转合约约束力不足增加了流转农地的权益不确定性，导致农地流转市场合约的口头化与短期化，提升了规模户的形成难度与退出概率。农地流转市场中合约违约行为的普遍发生，一方面，会增加书面合约界定的农地权益的不确定性，弱化农户选择书面合约追求权益稳定的动机。通常而言，书面合约中写明了流转期限、租金、违约条款等方面内容，且对于违约事件可以引入第三方,"白纸黑字"的合约能够提供有效凭证。而以口头协商形式达成的合约,往往空口无凭,与其相比书面合约更明晰地界定了缔约双方的权责,降低了流转交易中农地权益的不确定性。在合约约束力不足的条件下,书面合约界定的农地权益得不到实质性的保护,与口头合约界定的农地权益的不确定性并无明显差异,合约约束力不足会削弱农户选择书面合约保障权益稳定的意愿(王亚楠等,2015),而选择流转给亲朋好友将农地交易与人情交换联系在一起,这类流转关系往往形成口头合约。另一方面,会带来长期合约收益的不确定性,弱化农户选择长期合约追求持续受益的意愿(付江涛,2016)。与短期合约相比,长期合约不仅降低产权的频繁交易带来的经营不确定性,而且稳定的经营有利于经营者的投资与长期规划以获得更高收益,也往往相对于短期合约具有更高的租金(徐珍源等,2010;朱文珏等,2016),也能够增强流转交易中受益的持续性。在合约约束力不足的条件下,经营权稳定得不到保障,导致了收益的不确定性,降低农户选择长期合约时承担风险的边际收益,从而削弱农户选择长期合约承担风险的意愿,因而农户往往会通过缩短流转期限、增加交易频率的方式减少权益变动造成的损失。

当农地流转中违约行为大量存在且未能追责时,"理性"的农户会选择与特定对象达成口头合约,或者选择短期的合约来降低可能遭遇违约的风险(张海丰等,2021)。因此,农地流转合约约束力不足,会导致农地市场中更大比例的资源通过非正式交易流向特定对象,制约农地规模户的形成与扩张;即便达到一定规模经营,由于流转农地权益的不稳定会提高农户经营决策的调整频率,以及生产行为的短期化,农地规模户持续稳定经营的可能性也会持续降低。

第二,农地流转合约约束力不足弱化了流转农地的受益持续性,制约了规模户生产经营投资的积极性,削弱了其经营能力的提升与支付相对较高租金的能力,不利于规模经营主体的扩张与稳定经营。随着农户经营面积的扩张,其不同生产要素的稀缺程度发生变化,促进生产过程中不同要素的替代需求,如利用机械替代劳动,同时也刺激农户改善生产要素替代条件,如平整土地、整合地块、修建基础设施等,为要素替代创造条件或提高替代效率,降低农业生产平均成本,从而激发了农户投资的需求。从投资角度来看,是否投资取决于投资成本与收益的比较，面积的扩张使得投资能够在更大面积上分摊，同时收益也会在不同经营年份上分摊，而农地经营权的稳定是保障农户投资受益持续性的关键。已有研究表明，农地经营权的稳定不仅取决于转入地的合约安排，还会受到合约执行情况的影响（徐志刚等，2021）。在合约约束力不足的条件下，农地经营者长期投资的收益缺乏有限保障，会削弱其生产投资的积极性。而这一方面会制约规模户的生产经营能力的提升，影响其经营的持续性与稳定性；另一方面影响其租金支付能力，从而难以在农地市场竞争中保持优势，不利于规模户经营的进一步扩张。

据此，本研究提出研究假说三：农地流转市场合约约束力不足会增加农地规模经营权益的不确定性与受益的不确定性，不仅制约了规模户的形成与扩展，进而降低农地规模经营程度，而且会削弱规模户经营的稳定性。

第五节　社会信任与法治强度对合约约束力影响的理论分析

制度经济学理论认为由于信息的不对称与不完全，合约设计过程中无法考虑到所有问题和可能的突发性事件，缔约双方只能在有限理性基础上达成合约（Grossman et al.，1986），所以合约的执行依赖于外部的保护机制（Hart et al.，1990），如抵押、声誉、信任、法制、仲裁等，保护合约执行的机制不健全、不完善，会导致合约缺乏有效约束力，因而外部保护机制是保障合约执行的关键。从经济学角度来分析，保障合约执行的履约机制主要是通过提高违约成本的方式来增强合约约束力。在合约履约中，缔约者的行为决策是否违约，取决于违约成本与收益的比较，当违约行为得不到惩罚或惩罚力度不足时，违约变得有利可图，会成为"理性人"的必然选择；而当预期成本较高，违约行为"得不偿失"时，缔约者将依照合约条款严格执行。

从乡村治理角度来看，保障合约履行的机制主要包括社会信任与法治强度两方面。（图3-4）在传统乡村的"熟人社会"中，长期稳定的人际交往和活动范围，构建起了以血缘、地缘为基础的具有差序格局且稳固的社会关系（费孝通，1998），人与人之间良好的社会信任是维系农地流转合约关系的重要规则。农地流转市场并不是一个纯粹的要素市场，不仅仅是生意，还融入了人情、信仰、宗族文化等多重因素，任何违约行为的信息都相当容易在村民之间传播，违约行为的代价是信用或信誉的破裂，失信的标签会增加后续人际交往或交易成本，从而将带来长期利益的损失（江激宇等，2018）。社会信任作为一种特殊的履约机制，将违约行为转化为一种社会压力，对激励和约束每个成员的经济行为发挥了重要作用。而法律制度是以潜在的国家强制力为背书的正式制度，作为一种行为规范或规则引导人们的行动，排除一些行为并限制可能的反应，为社会交往提供了一种确定的秩序与"外在支架"（郭继，2009）。同时通过规定违约成本，确保守约者受益、违约者受损，缔约双方一般会基于法律制度的约束、惮于违约可能招致的惩罚而如约履行合同，防止混乱和任意行为，从而降低未来可能的违约风险，提升合约约束力。

乡村人口的频繁流动不仅打破了原有的乡村治理格局，在很大程度上消解了家族伦理、社会习俗和道德观念等传统要素的治理功能，撕裂了建立在熟人社会基础之上的社会信任的传递，社会活动中的失信者可改变生活区域以逃避失信行为可能导致的长期损失，即减少了失信面临的"惩罚"从而弱化了合约约束力，付出者也可能由于未来回报的不确定性或风险增加而变得谨慎。在此背景下，国家法律为逐渐陌生化的乡村社会提供规范，其规则的普遍性和惩罚的强制性（董磊明，2008；刘同君，2011；马华等，2018），成为村民与村民、村民与政府之间约束彼此责任和义务的关系以及解决乡村社会纠纷的最主要依据。法律制度作为一种行为规范或规则引导人们的行为，并以潜在的国家强制力对违反规则的行为予以约束或处罚（许玉镇等，2019），提高人际交往中规则破坏者的行为成本以强化合约约束力。然而，社会信任的弱化，并不意味着其对依法治国下的合约约束力没有影响，社会信任充当着一种"无声的秩序"，潜移默化地调节着社会矛盾，维护着社会秩序的有效运转（高国梁，2016；陈阳婕，2017），所以社会信任的弱化也会降低合约约束力。

国家法治在维系农地流转合约履行中逐渐发挥主导作用。2003年《中华人民共和国农村土地承包法》出台，国家以法律形式确定了农户承包权，随后颁布了《土地权属争议调查处理办法》《中华人民共和国土地承包经营纠纷调解仲裁法》等法律法规，以规范违约行为的执行与处罚方式。然而，与法律法规的颁布相比，执法机构不完善与执法力度不足，以及实施过程中过度的行政干预致使整体法治水平较低，当农民的权益受到侵犯时往往难以得到实质性的法律保护。主要体现在以下两点。第一，保障合约执行的制度约束不足。一方面，体现在涉及农地经营权流转的法律法规存在一定的适用性冲突。由于颁布时间、政策背景的差异，涉及农地经营权流转的部分法律规范存在矛盾（李学清等，2011；张占锋，2018），可能引发流转中多元主体的利益冲突，产生流转农地的承包经营权纠纷，不仅会导致农地流转合约内容的失效，还存在利益双方矛盾激化的风险（杨勇，2013）。另一方面，体现在农地流转纠纷的仲裁、调解机构不健全。根据《中华人民共和国农村土地承包法》第五十五条①，村民委员会、乡（镇）人民政府调解是解决农地流转纠纷的最主要途径。然而，在我国特殊的农地产权构架下，土地承包经营权的流转实际上受到行政部门、集体经济组织和承包人三方的制约（张颖，2010），村委会、乡（镇）人民政府是农地流转的参与方或利益方（张明君，2013），其作为"运动员"与"裁判员"的双重身份调解农地流转合约纠纷，很难保证结果的公平与公正。除此之外，由于农地产权的特殊性与复杂性，以及流转双方利益的多元化，农地流转中尚缺少有效的担保机制与担保品来保证合约的严格执行和保障农户的合法权益。

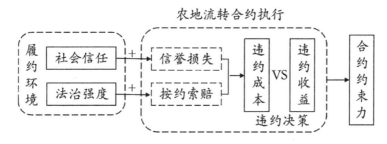

图 3-4 社会信任与法治强度影响合约约束力的机制图

第二，合约纠纷执行的交易成本高。从农户角度来看，纠纷发生时是否选择调解或仲裁，取决于解决纠纷的成本收益的比较，但纠纷解决的程序烦琐、周期长会产生高昂的交易成本，严重制约了被违约方索赔的积极性。张磊等（2018）针对四川、湖南的 6 市水稻种植大户的调查显示，农地流转纠

---

① 因土地承包经营发生纠纷的，双方当事人可以通过协商解决，也可以请求村民委员会、乡（镇）人民政府等调解解决。当事人不愿协商、调解或者协商、调解不成的，可以向农村土地承包仲裁机构申请仲裁，也可以直接向人民法院起诉。

纷案件调解的平均耗时长达 13 天；世界银行发布的《中国营商环境报告2008》中指出审理一件普通的商业纠纷，在东南沿海平均花费 230 天时间，在东北地区需要 363 天时间（李坤望等，2010）；同时调解或仲裁过程中，还涉及人情往来、社会资本交换等成本（江激宇等，2018）。农地流转纠纷调解时间长，交易成本高，导致众多的流转纠纷和矛盾不了了之，违约行为得不到惩罚或力度不足，合约当事人可能明目张胆地违约，合约可能成为一纸空文而并不能保障农户的合法权益。因此，法治强度的提升能够增强流转市场中的合约约束力。

据此，本研究提出研究假说四：在要素市场化背景下，社会信任的弱化对合约约束力有负向影响，法治强度的提升对合约约束力有正向影响。

第六节　本章小结

本章从合约履约的角度分析农地流转合约稳定性，探讨农地流转中的合约安排对农户行为决策的影响及合约约束力的调节效应，及社会信任与法治强度对合约约束力的影响。分析的初步结论是合约约束力是保障农地流转合约稳定以激励农户农业生产投资的重要因素，且合约约束力还会影响流转市场中书面合约与长期合约的农地面积占比，并进一步影响农地规模经验程度及其稳定性。与此同时，随着要素市场化的发展，社会信任与法治强度是影响合约约束力的重要因素。以上内容有待进一步的实证检验。下文将重点从五方面展开。

第一，详细介绍与本研究相关的宏观背景。梳理要素市场化背景下，人口流动带来的乡村社会变迁与农地流转市场发展，主要包括改革开放后我国人口流动的趋势、乡村社会变迁的主要特征、农地流转市场发展现状与农业机械投资的变化趋势，为后文的实证分析和未来的趋势判断提供相关的背景知识。这部分内容对应第四章。

第二，探讨合约安排对转入户农业生产投资的影响及合约约束力的调节效应，并利用黑龙江、河南、浙江和四川 4 省农户层面的抽样调查数据进行实证分析，分别考察合约安排、合约约束力对农地转入户农业生产投资的影响，以检验合约约束力是保障农地流转合约稳定性以激励农户农业生产投资的重要因素。这部分内容对应第五章。

第三，考察合约约束力对农地流转市场合约结构的影响。根据黑龙江、河南、浙江和四川4省农户层面和村庄层面的调查数据，利用实证模型检验在不同合约约束力条件下，流转市场中选择书面合约和长期合约的农地面积占比的差异，从而阐明合约约束力对流转市场合约结构的影响并提出资源配置建议。这部分内容对应第六章。

第四，基于合约约束力对流转农地权益明晰性与受益持续性影响的理论分析，探讨农地流转市场的合约约束力对农地规模经营发展及稳定性的影响，利用农业资源禀赋和经济发展差异显著的黑龙江、河南、浙江、四川4省的村庄与农户跟踪调查数据，实证检验农地流转、合约约束力对农地规模经营程度及稳定性的影响机制。这部分内容对应第七章。

第五，分析要素市场化背景下社会信任与法治强度对合约约束力的影响。具体讨论农村人口转移带来的乡村社会变迁，着重考察社会信任与法治强度对农地流转市场中合约约束力的影响，并运用传统文化、经济社会发展差异明显的4省128村的农户层面和村庄层面的调查数据进行实证检验。这部分内容对应第八章。

第四章
中国农地流转与农业生产投资状况与变化趋势

本研究主要分析农地流转中的合约安排对转入户生产投资的影响及合约约束力的调节效应，并进一步讨论合约约束力对流转市场合约结构的影响，以及社会信任与法治强度对合约约束力的影响。为此，本章将描述与研究内容相关的宏观背景，分析要素市场化过程中农村人口流动带来的经济与社会变化：一方面，人口流动使传统乡村的熟人社会逐渐"陌生化"，打破了乡村原有的治理格局；另一方面，人口流动改变了乡村人口与劳动力结构，促进了农地流转和生产要素的重新配置。除此之外，农业劳动力的大量转移也促进了农业生产中机械对劳动力的替代。以下将借助统计资料和相关调查数据，描述和分析要素市场化过程中我国乡村人口的流动、乡村社会的变迁、耕地流转市场发展现状与农业生产投资变化的基本情况，为后文分析提供相关的背景知识。

第一节　中国农村人口流动的现状与趋势分析

自改革开放以来，中国人口数量迅速增长的同时，城乡人口结构发生巨大变化。表4-1统计了自1980年以来中国人口总量与乡村人口数量，其中，人口总量由1980年的9.87亿增长到2022年的14.11亿，同期的乡村人口数量由1980年的7.95亿增长到1995年的峰值8.59亿后，逐步减少至4.91亿。尽管人口总量持续增加，但乡村人口呈"倒U型"趋势变化，由1980年的80.6%降低至2022年的34.78%。农村人口持续地从农村地区与农业部门向城镇地区与工业部门转移，是导致这一现象的重要原因。《中国统计年鉴2020》中关于流动人口的统计显示，2019年中国尚有2.80亿人户分离人口和2.36

亿流动人口，其中最主要的是农村外出务工人口。《全国农民工监测调查报告》历年数据显示，农民工总量从 2008 年的 2.25 亿人增加到 2022 年的 2.96 亿人，年均增幅约 2%。2019 年中国农民工总量达到 2.95 亿人，其中在户籍所在乡镇地域外从业的农民工达到 1.72 亿，分别较上年度增长 1.1% 和 0.1%，尽管增长幅度有所放缓，但从农村地区向城镇流动的趋势并未改变。

　　人口持续的单向转移改变了城乡人口结构的同时，农业劳动力结构也发生了巨大变化。《2022 年农民工监测调查报告》的数据统计显示：外出农民工中男性占比 68.94%，平均年龄为 37.4 岁，大专及以上文化程度的占比为 18.7%，无论是所有农民工，还是农业劳动力，都呈现出男性占比更高、平均年龄更年轻、受教育程度更高的特点。由于人口流动并非随机，年轻一代人口的持续流出一方面减少了农村人口基数中青壮年部分的数量，另一方面也转移了新生人口，消减了新生人口对农村人口的自然补充，农村人口和农业劳动力的老龄化趋势将不可避免，且会呈现出加速的发展趋势。

　　除此之外，农村人口的流动呈现明显的地区差异。统计数据显示，在外出劳动力中流向东部地区的数量远高于流向中部与西部地区的数量。[①] 按输入地统计，2022 年在东部地区就业的农民工数量达到 15 447 万人，占农民工总量的 52.3%；在中部地区就业的农民工数量为 6771 万人，占农民工总量的 22.9%；在西部地区就业的农民工数量为 6436 万人，占农民工总量的 21.7%。而按照输出地统计，东部地区输出数量为 10 403 万人，占农民工总量的 35.1%；中部地区输出数量为 9852 万人，占农民工总量的 33.3%；西部地区输出数量为 8351 万人，占农民工总量的 28.2%。按输入地与输出地统计的农民工数量对比表明，东部地区的劳动力流动呈现净输入状态，而中部与西部的农民工处于净输出状态，其中，2022 年中部与西部地区跨省流动的农民工数量占各地区外出农民工数量的比例分别达到 55.6% 和 47.5%。尽管在近年来净输出的占比有所降低，但长期以来劳动力流动呈现的东部地区净输入与中西部地区净输出的状态并未改变。

---

① 国家统计局 . 2022 年农民工监测调查报告 ［EB/OL］. 国家统计局，2023-04-28.

表 4-1 1980—2022 年我国总人口与乡村人口数量统计

年份	年末总人口（百万）	乡村人口		年份	年末总人口（百万）	乡村人口	
		数量（百万）	占比（%）			数量（百万）	占比（%）
1980	987.05	795.65	80.6	2002	1284.53	782.41	60.9
1981	1000.72	799.01	79.8	2003	1292.27	768.51	59.5
1982	1016.54	801.74	78.9	2004	1299.88	757.05	58.2
1983	1030.08	807.34	78.4	2005	1307.56	745.44	57.0
1984	1043.57	803.40	77.0	2006	1314.48	731.60	55.7
1985	1058.51	807.57	76.3	2007	1321.29	714.96	54.1
1986	1075.07	811.41	75.5	2008	1328.02	703.99	53.0
1987	1093.00	816.26	74.7	2009	1334.50	689.38	51.7
1988	1110.26	823.65	74.2	2010	1340.91	671.13	50.1
1989	1127.04	831.64	73.8	2011	1347.35	656.56	48.7
1990	1143.33	841.38	73.6	2012	1354.04	642.22	47.4
1991	1158.23	846.20	73.1	2013	1360.72	629.61	46.3
1992	1171.71	849.96	72.5	2014	1367.82	618.66	45.2
1993	1185.17	853.44	72.0	2015	1374.62	603.46	43.9
1994	1198.50	856.81	71.5	2016	1382.71	589.73	42.7
1995	1211.21	859.47	71.0	2017	1390.08	576.61	41.5
1996	1223.89	850.85	69.5	2018	1395.38	564.01	40.4
1997	1236.26	841.77	68.1	2019	1410.08	525.82	37.3
1998	1247.61	831.53	66.6	2020	1412.12	509.92	36.1
1999	1257.86	820.38	65.2	2021	1412.60	498.35	35.3
2000	1267.43	808.37	63.8	2022	1411.75	491.04	34.8
2001	1276.27	795.63	62.3				

数据来源：《中国统计年鉴》（1981—2022）。

人口的持续转移对乡村经济与社会的影响是多维度的，除了会导致城乡人口结构变化和加速乡村人口与劳动力老龄化外，大量、频繁的人口流动不仅带来了地区之间经济与社会发展的不平衡，而且打破了传统乡村人与人长期往来构建起来的"熟人社会"模式，带来乡村社会治理模式的转变。同时，大量农村农业劳动力的"流失"会促进农业生产要素的重新配置，最典型的是农地流转市场的迅速发展，以及替代劳动力的农业机械需求的扩大，以下将依次进行梳理和分析。

第二节　要素市场化背景下的乡村社会变迁

一、经济发展的地区不平衡

中国农村人口的持续转移，不仅带来了地区之间经济发展的不平衡，而且导致城乡差距不断扩大。在 2000 年到 2020 年的 20 年间，国内生产总值从 10.03 万亿元增长至 101.60 万亿元，增长了约 9 倍，年均增长率达到 12.7%；人均 GDP 由 7913 元增长到 72 569 元，提高了 8.17 倍。整体经济飞速增长的同时也出现了明显的地区①差异。从经济总量比较来看，不仅各地区的 GDP 占比差异较大，地区之间经济增长速度亦存在明显差异，东部地区以占全国约十分之一的国土面积和三分之一的人口，创造了超过全国一半的 GDP 总量，其 GDP 总量始终超过中部与西部的两倍以上，且与东北地区的差距呈扩大的趋势。同时，从人均生产总值（人均 GDP）来看，尽管中西部地区与东部地区的人均比值都有所提高，但地区之间的差值净额呈现扩大趋势。具体来看：东部地区的人均 GDP 远超其他地区，中部地区与西部地区的人均 GDP 占东部地区的比例分别由 2000 年的 37.7% 和 35.8% 增长至 2020 年的 59.7%

---

① 地区划分参照国家统计局（http://www.stats.gov.cn/tjsj/），其中东部地区包括北京、天津、河北、上海、江苏、浙江、福建、山东、广东、海南 10 个省（市），中部地区包括山西、安徽、江西、河南、湖北、湖南 6 省，西部地区包括内蒙古、广西、重庆、四川、贵州、云南、西藏、陕西、甘肃、青海、宁夏、新疆 12 个省（自治区），东北地区包括辽宁、吉林、黑龙江 3 个省，香港、澳门、台湾地区未纳入分类统计。

和 54.6%，说明中部与西部地区的经济增长速度快于东部地区；但从人均
GDP 的差额来比较，与东部地区的差距正在扩大，中部地区、西部地区和东
北地区与东部地区的人均 GDP 的差额分别由 1999 年的 8144 元、8394 元和
5055 元增长至 2009 年的 26 785 元、27 334 元和 18 477 元，并进一步扩大到
2019 年的 48 776 元、49 470 元和 56 351 元。地区之间人均生产总值差距的扩
大，主要原因可能在于两方面：第一，劳动力结构与能力的地区差异增加，
人口流动过程中最具活力的青壮年劳动力的单向转移，扩大了地区之间劳动
力人力资本的差距，必然导致人均生产总值的地区差距扩大；第二，得益于
优质人力资本的转移，地区间生产技术水平的差距逐渐扩大，也会带来人均
生产总值差距的增加。

从城乡居民收入差距来看，图 4-1 统计了 2000 年以来我国城镇与农村居
民人均可支配收入的增长情况。从 2000 年至 2022 年，城镇居民人均可支配
收入由 6296 元增长至 49 283 元，农村居民人均可支配收入由 2282 元增长至
20 133 元，分别增长 6.8 倍和 7.8 倍。图中折线为农村居民人均可支配收入
与城镇居民人均可支配收入的比值，折线呈现"先抑后扬"，表明农村居民人
均可支配收入的增长速度经历了慢于城镇后又加速增长的发展趋势，至 2022
年农村居民人均可支配收入占城镇居民人均可支配收入的 40.9%。尽管城乡
居民人均可支配收入的比值并未扩大，但城乡人均可支配收入的差额在不断
扩大，从 2000 年的 4014 元扩大至 2022 年的 29 150 元，城乡收入差距成为劳
动力从农村地区向城镇转移的拉力，吸引人口从农村地区向城镇流动。

二、社会治理与纠纷发生现状

正如费孝通先生所言，乡村社会在血缘、地缘上构筑起来的"道德共同
体"，形成以差序格局和家族伦理为纽带的社会关系，这种独特的传统乡村的
"熟人社会"特征依赖于人与人长期、频繁的交往互动。一方面，在机械动力
尚未广泛应用的年代，在田间地头、动土建屋等方面独家独户无法或很难完

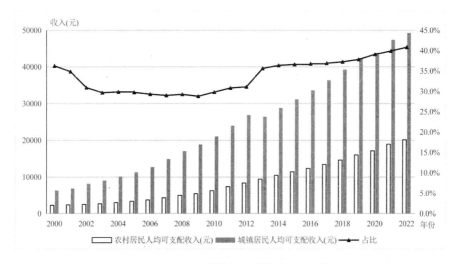

图 4-1　2000—2022 年中国城乡收入对比

数据来源：《中国统计年鉴》（2001—2022）①。

成，亲友、邻里的互帮互助自然是"众人拾柴火焰高"，长期频繁的生活交流与劳动互助使得农村社会富含"人情味"；另一方面，在交往与互动中并非所有人都礼尚往来、趣味相投，日常生活的频繁交流互动能够"日久见人心"，人与人之间充满"人情味"。然而，随着人口活动范围的扩大和流动数量的增加，人口不再长期地活动在一个固定的地理范围，从而打破了维系"熟人社会"的生活模式。一方面，劳动的专业分工使得无法以一己之力完成的可以通过外购市场服务来完成，人们抱团行事的劳动互助需求减少；另一方面，作为理性的"经济人"，人际交流的动机来自利己原则下的成本收益，人口的流动增加了人与人交流互动中未来预期收益的风险，未来收益的不确定使得人际交流更注重当前利益，尤其是经济利益。随着市场经济的不断推进，原有的乡村治理格局逐步打破，农民个体理性主义觉醒，原有的治理元素如村规民约、伦理文化、乡绅权力等逐步弱化，以"法治"为指向的制度治理正在积极改变着原有的乡村治理模式。

---

① 统计数据中 2013 年前城镇居民收支数据来源于独立开展的城镇住户抽样调查，2013 年前农村居民收支数据来源于独立开展的农村住户抽样调查。从 2013 年起，国家统计局开展了城乡一体化住户收支与生活状况调查，2013 年及以后数据来源于此项调查，与 2013 年前的分城镇和农村住户调查的调查范围、调查方法、指标口径有所不同。

随着传统农业经济结构和乡村道德共同体的不断分化，"法律作为一种象征国家正式力量的话语、实践，在社会秩序和纠纷解决中的作用开始上升并逐渐成为规范人际关系和利益冲突的主导性因素"（刘同君，2013）。国家法律的规则普遍性和惩罚机制，能够给日益"陌生化"的乡村社会治理提供保障，维持基本秩序，理应成为村民与村民、村民与政府之间约束相互责任和义务的关系，以及解决乡村社会纠纷的最主要依据。然而，当前乡村法治建设最突出的两个问题如下。第一，民间纠纷数量迅速增长。在市场经济的冲击下，"利益至上"的价值观冲淡了乡村人际交往中的"人情味"，原有的乡村治理中的家族伦理、社会习俗和道德观念等传统要素的治理功能逐渐消解，依赖和通过正式制度解决纠纷的农户和案件数量迅速增长，尤其是涉及征地拆迁、土地承包等重大经济利益纠纷大量出现，信访、群体性事件日益增多。第二，乡村法治中权力失范现象频发。在法治建设中，有研究发现基层地方政治发展中的权力失范，侵蚀农民权利导致了大量极端性、群体维权事件，尤其在利益最为重大的土地产权方面。农地财产权是农民生存发展的根本，《中华人民共和国宪法》《中华人民共和国物权法》《中华人民共和国土地管理法》《中华人民共和国农村土地承包法》等相关法律规定了农地权利体系，但在优先发展经济和地方财政利益的驱动下存在"滥用土地权属的模糊性，肆意行使缺乏监管的行政权力，瓜分征地补偿"等行为。

为了对人口转移背景下社会治理模式的变迁有更直观和清晰的认识，表4-2统计了2002年以来中国民间纠纷案件数量。数据显示，民间纠纷的调解数量由2002年的314.1万件增加至2021年的874.4万件，15年间增长近2倍；其中邻里纠纷的数量由2002年的69.5万件增加至2021年的210.4万件，邻里纠纷占调解纠纷总量的比例也由22.1%上升至24.1%，提高了2.0个百分点。尽管邻里纠纷数量的增加并不能说明社会治理问题突出，但在"远亲不如近邻"的传统中，邻里关系在很大程度上能够体现社会关系，邻里纠纷数量的增加及占比的提高能够从侧面反映出人口转移过程中的乡村社会问题；另一方面，从法院审理的合同纠纷一审案件收案数量来看，从2002年的226.7万件增加至2021年的1133.1万件，这期间增加了约4倍。合约纠纷数量的快速增长，一方面，可能是社会活动中的合同数量的迅速增加，相应的合约违约数量也会对应增加；另一方面，可能是人与人之间社会信任的衰退与履约环境的恶化，导致合约违约的比例上升。

表4-2　2002—2021年全国民间纠纷案件数量统计

年份	调解民间纠纷数（万件）	调解邻里纠纷数（万件）	调解邻里纠纷所占比重（%）	法院审理合同纠纷一审案件收案数（万件）	人民调解委员会数量（万件）
2002	314.1	69.5	22.1	226.7	89.1
2003	449.2	69.1	15.4	226.7	87.8
2004	441.4	79.4	18.0	224.8	85.3
2005	448.7	83.7	18.7	226.5	84.7
2006	462.8	92.9	20.1	224.1	84.3
2007	480.0	91.3	19.0	246.4	83.7
2008	498.1	99.4	20.0	293.4	82.7
2009	579.7	124.2	21.4	315.2	82.4
2010	841.8	179.2	21.3	322.3	81.8
2011	893.5	204.4	22.9	333.4	81.1
2012	926.6	221.3	23.9	377.6	81.7
2013	943.9	227.7	24.1	412.1	82.0
2014	933.0	236.1	25.3	458.9	80.3
2015	933.1	237.5	25.5	601.3	79.8
2016	901.9	229.1	25.4	671.8	78.4
2017	883.3	222.6	25.2	700.8	75.9
2018	953.2	249.5	26.2	797.2	75.2
2019	931.5	231.3	24.8	916.5	73.5
2020	819.6	204.0	24.9	883.9	70.8

续表

年份	调解民间纠纷数（万件）	调解邻里纠纷数（万件）	调解邻里纠纷所占比重（%）	法院审理合同纠纷一审案件收案数（万件）	人民调解委员会数量（万件）
2021	874.4	210.4	24.1	1133.1	68.9

数据来源：《中国统计年鉴》（2003—2022）。

　　从农村地区来看，经济活动中的违约数量也显著增加。为分析在农村地区的社会治理问题，表4-3统计了农地市场交易活动中的合约纠纷数量，受数据的来源限制，仅统计了2011年至2017年农村涉及土地的纠纷数量。如表4-3所示，2011年至2017年间农村地区仲裁委员会受理纠纷件数由2011年的21.9万件增加至2017年的36.7万件，增加比例达到67.6%；其中涉及土地承包纠纷的件数由13.8万件增加至24.6万件，土地流转纠纷件数由6.8万件增加至10.4万件，增加比例分别为92.2%和52.9%。从农村涉及土地的纠纷调处情况来看，调处纠纷的件数由2011年的19.2万件增加至2017年的32.3万件，增加比例达到68.2%，纠纷调处率分别为87.6%和88.0%。其中约有90%的纠纷通过调解处理，约有8%的纠纷通过仲裁，两种纠纷处理方式占比在各年度变化不大。总的来说，农村地区涉及土地的纠纷数量迅速增加，其原因之一是农村人口流动削弱了传统乡村的社会信任，履约环境的恶化导致了农地流转市场中的违约行为数量的迅速增加。

表4-3　2011—2017年农村涉及土地纠纷数量统计

项　　目	2011	2012	2013	2014	2015	2016	2017
农村土地承包仲裁委员会数量（个）	1848	2259	2411	2433	2434	2472	2517
纠纷仲裁委员会工作人员数（人）	19 774	30 727	35 481	37 204	39 259	41 369	44 481
仲裁委员会受理涉及土地纠纷件数（万）	21.9	22.3	22.3	25.4	33.6	38.1	36.7
其中涉及土地承包纠纷件数（万）	13.8	13.6	13.5	14.8	21.2	25.7	24.6
土地流转纠纷件数（万）	6.8	7.2	7.4	9.2	11.0	10.8	10.4

续表

项　目	2011	2012	2013	2014	2015	2016	2017
调处纠纷件数（万）	19.2	19.2	19.5	22.6	32.5	33.4	32.3
其中调解纠纷件数（万）	17.7	17.4	17.5	20.6	30.0	31.0	30.3
仲裁纠纷件数（万）	1.5	1.8	2.0	2.0	2.5	2.4	2.0

数据来源：《农村经营管理》公布的年度农村家庭承包耕地流转及纠纷调处情况。其中，2011 年数据来自《2011 年农村土地承包经营及管理情况》，2013 年数据来自《2013 年仲裁机构纠纷调处情况》，2014 年数据来自《2014 年仲裁机构纠纷调处情况》，2016 年数据来自《2016 年农村家庭承包耕地流转及纠纷调处情况》，2017 年数据来自《2017 年农村土地仲裁机构纠纷调处情况》。另外，2012 年与 2015 年数据分别由 2013 年与 2016 年的资料中的数据比例计算得到。

第三节　农地流转市场的发展现状与主要特征

一、农地流转市场的发展现状

随着城镇化的发展，农地流转市场迅速扩大主要得益于两方面。第一，针对农地流转的法规与政策不断放宽。在农村地区耕地作为最重要的资源，其平均分配的方式体现了社会的公平性，根据《中华人民共和国宪法》（1982 年）的规定，"任何组织或者个人不得侵占、买卖、出租或者以其他形式非法转让土地"，在相当长的一段时间耕地流转是不被法律允许的。十四届三中全会审议通过的《中共中央关于建立社会主义市场经济体制若干问题的决定》，提出"在坚持土地集体所有的前提下，延长耕地承包期，允许继承开发性生产项目的承包经营权，允许土地使用权依法有偿转让"，耕地在农户之间的流转得到法律的允许。当时全国范围内有耕地流转的农户占比仅为 0.9%，流转的总面积也仅占农户承包耕地总面积的 0.44%（匡远配、陆钰凤，2018），直到 1996 年这个占比也仅有 3% 左右，这个时期的耕地流转经历了从法律禁止向政策允许转变的关键阶段。2002 年《中华人民共和国农村土地承包法》明确规定，"通过家庭承包取得的土地承包经营权可以依法采取转包、出租、互换、转让或者其他方式流转"，为农地流转市场的发展提供了法律依据。再到2013年中央一号文件公布，提出"坚持依法自愿有偿原则，引导农村土地承包经营权有序流转，鼓励和支持承包土地向专业大户、家庭农场、农民合作社流转"。法规与政策条件的不断放宽，为农户农地流转及流转市场的发展创造了条件。第二，农业劳动力的持续转移。农地作为重要的生产资料，能够保障农户劳动力就业，也是农户家庭收入的重要来源。随着非农就业机会的增加，部分农户的劳动力在非农就业市场获得的收入高于农业生产收入，促进家庭内部农业分工的同时出现农户分化（钟甫宁等，2008），部分农户将原承包经营的农地流转给亲朋好友，或出租给其他农户，脱离了农业生产，转移劳动力数量的持续增加使得转出农地的面积扩大，逐步形成农地流转市场，促进了农地资源的重新配置。

在农村劳动力持续大量转移的背景下，中国流转农地的农户数量和面积迅速扩大。《中国农业统计资料》数据显示，2010年至2019年间全国转出耕地的农户数量增长了约1.2倍，流转耕地的农户从2010年的3321万户增长至2019年的7071万户；耕地流转面积增长了约2.0倍，从2010年的1.87亿亩增长至2019年的5.55亿亩。截至2019年年底，全国已有三分之一的农户将家庭承包的耕地转出，流转总面积达到家庭承包经营耕地总面积的35.9%。流转耕地的农户数量与面积持续增加，但自2014年之后增速明显放缓，农地流转市场的发展趋势与农村劳动力转移数量的变化趋势具有高度一致性。

表4-4　2011—2020年农户承包耕地流转情况统计

年份	流转承包耕地的农户		流转承包耕地的面积	
	农户数（万户）	占比（%）	面积（亿亩）	占比（%）
2010	3321	14.6	1.87	14.7
2011	3877	16.9	2.28	17.8
2012	4439	19.3	2.78	21.2
2013	5261	22.9	3.41	25.7

续表

年份	流转承包耕地的农户		流转承包耕地的面积	
	农户数（万户）	占比（%）	面积（亿亩）	占比（%）
2014	5833	25.4	4.03	30.4
2015	6330	27.4	4.47	33.3
2016	6789	29.8	4.71	35.1
2017	7071	31.1	5.12	37.0
2018	7235	32.4	5.39	34.8
2019	7321	33.2	5.55	35.9
2020	—	—	5.32	34.1

数据来源：中华人民共和国农业农村部. 中国农业统计资料［M］. 北京：中国农业出版社，2011—2017；农业农村部农村合作经济指导司，农业农村部政策与改革司. 中国农村经营管理统计年报（2018）［M］. 北京：中国农业出版社，2019；农业农村部政策与改革司. 中国农村政策与改革统计年报（2019）［M］. 北京：中国农业出版社，2020；农业农村部政策与改革司. 中国农村政策与改革统计年报（2020）［M］. 北京：中国农业出版社，2021. 2020 年耕地流转农户数量未公布，占比通过计算得到。

二、农地流转市场的主要特征

随着流转耕地的农户数量与面积迅速增加，流转市场呈现以下三大特征。

第一，流转"非正式""不规范"的特征明显。"非正式""不规范"主要体现在农地流转中未签订合同，对于农地的流转期限、租金等内容并未做出明确约定。例如，叶剑平等（2010）2008 年对 17 省农户进行调查，数据显示，样本农户中有 82.6%的农户在土地转出时未签订合同，52.4%的农户未约定流转期限，38.6%的农户转出农地并没有获得补偿；叶剑平等（2013）2011 年对 17 省农户进一步调查，数据显示，仍然有 67.24%的农户流转农地时未签订合同，51.21%的农户未约定流转期限。同时，农业部农村固定观察点 2011 年的全国抽样调查统计数据显示，转出农地的农户中有 45.6%没有收取租金（陈奕山，2017）。钱忠好等（2016）在江苏、广西、湖北和黑龙江 4省的调查数据则显示，转出农地的农户中有 50.84%的农户未签订合同，超过

30%的农地流转没有补偿。

　　大量研究农地流转的农户调查均表明流转市场具有"不规范"的特征，但随着流转市场的发展和农业政策的不断引导，流转市场不规范、非正式的特征逐渐改善，农地流转中签订合约的数量和面积占比不断扩大。2010年耕地流转签订合约数量为2019万份，通过书面合约流转的耕地面积为1.06亿亩，约占当年流转耕地总面积的56.6%。截至2019年签订农地流转合约数量增长至5740万份，增长了184.3%，涉及的耕地面积达到3.64亿亩，扩大了3.4倍，约占2019年流转耕地总面积的65.6%，占比增长了9.0%，表明在新增长的流转耕地中，更大比例的农户选择签订流转合同。详见表4-5。

表4-5　中国耕地流转市场合同签订情况

年份	签订流转合同数量（万份）	签订合同流转面积（亿亩）	面积占比（%）
2010	2019	1.06	56.6
2011	2521	1.39	61.1
2012	3107	1.81	65.2
2013	3756	2.25	65.9
2014	4235	2.69	66.8
2015	4670	3.03	67.7
2016	5140	3.27	69.4
2017	5536	3.50	68.3
2018	5677	3.65	67.7
2019	5740	3.64	65.6

　　数据来源：中华人民共和国农业农村部.中国农业统计资料［M］.北京：中国农业出版社，2011—2018；农业农村部农村合作经济指导司，农业农村部政策与改革司.中国农村经营管理统计年报（2018）［M］北京：中国农业出版社，2019；农业农村部政策与改革司.中国农村政策与改革统计年报（2019）［M］.北京：中国农业出版社，2020.

第二，流转市场的发展具有明显的地区差异。农业农村部关于地区农村土地流转与规模经营的相关调查数据显示，2013 年东部、中部和西部三个地区流转耕地的面积占地区耕地总面积的比例分别为 26.06%、30.64% 和 19.53%，占比分别比 2011 年提高了 10.44%、7.5%、5.28%，地区之间的耕地流转比率与流转面积的增长速度差异明显，且呈现扩大的趋势。表 4-6 进一步展示了 2011 年、2014 年和 2016 年全国耕地流转面积占比排名前列的省份及流转比例，数据显示，上海、北京、江苏和浙江 4 个经济发达地区的耕地流转率远高于其他省份，如上海在以上三个时期的耕地流转面积占比分别为同期全国平均水平的 3.3 倍、2.4 倍和 2.1 倍。在 2016 年，上海、江苏、北京、浙江、黑龙江 5 个省（市）的耕地流转面积占比均超过 50%，分别较 2011 年提高了 16.4%、19%、13.8%、13.5% 和 19.9%，普遍高于全国平均流转面积占比的增长幅度。

表 4-6　中国不同省份耕地流转市场发展情况

2011		2014		2016	
省份	流转率（%）	省份	流转率（%）	省份	流转率（%）
上海	58.2	上海	71.5	上海	74.6
北京	46.2	江苏	58.4	江苏	60.2
江苏	41.2	北京	52.0	北京	60.0
浙江	40.3	黑龙江	50.3	浙江	53.8
重庆	38.2	浙江	48.0	黑龙江	50.4
黑龙江	30.5	安徽	41.0	天津	45.6
广东	25.8	重庆	39.7	重庆	42.4
湖南	23.6	河南	37.1	安徽	40.9
河南	20.6	—	—	湖北	39.7
福建	19.3	—	—	湖南	39.6

2011		2014		2016	
全国平均	17.8	全国平均	30.4	全国平均	35.1

资料来源：农业农村部农村经济体制与经营管理司网站。其中，2014 年资料来自《农村经营管理情况统计分析报告》①，仅公布耕地流转率排名前八位省份；2016 年资料来自《2016 年农村家庭承包耕地流转及纠纷调处情况》② 报告。

第三，流转农地合同违约纠纷日益增加。随着农地流转规模的日益扩大，农产品市场价格的频繁波动增加农地转入户的经营风险，违约跑路等事件屡见报端，例如，2016 年玉米"临储"政策取消后玉米价格下跌，东北地区原转入农地大面积经营的农户纷纷缩短租期、退租，更有甚者直接跑路毁约。《农村经营管理》公布的年度农村家庭承包农地流转及纠纷调处情况数据显示，自 2011 年至 2017 年农村地区仲裁委员会受理涉及土地纠纷案件数量由 2011 年的 21.9 万件上升至 2017 年的 36.7 万件，其中涉及土地流转纠纷件数由 6.8 万件增加至 10.4 万件，增长比例达到 52.9%。全国农村土地承包经营纠纷状况调查数据也显示，2015 年我国农村土地承包纠纷案件发生率为 9.35%，其中吉林、黑龙江、四川 3 省的发生率在 10% 以上。另外，在现实中由于农户法律意识不强，法律法规不完善，纠纷调解时间长，交易成本高等原因，许多流转纠纷和矛盾不了了之（张磊等，2018），实际流转纠纷的数量可能远高于统计数据。

第四节　农业生产投资的变化趋势

在城乡人口流动中，农业劳动力（尤其是青壮年）持续单向地向城镇转移，最直接的影响是农业劳动力的持续下降。根据《全国农产品成本收益资

---

① 农业部经管总站体系与信息处. 2014 年农村家庭承包耕地流转情况 [J]. 农村经营管理，2015（6）：40.
② 农业部经管总站体系与信息处. 2016 年农村家庭承包耕地流转及纠纷调处情况 [J]. 农村经营管理，2017（8）：40-41.

料汇编》数据,自 2001 年至 2018 年的三大粮食作物的用工数量由 12.00 日/亩减少至 4.81 日/亩,降低比例达到 59.9%。粮食生产单位面积用工数量的降低,一方面在于农村劳动力总量减少及劳动能力的降低,另一方面在于农业机械对劳动力的替代。2000 年三大粮食作物的机械作业费平均为 22.79 元/亩,占单位面积物质费用投入的 14.6%,到 2021 年上升至 180.5 元/亩,占单位面积物质费用投入的比例提高至 37.2%,其中除了三大粮食作物的种植结构调整外,最主要的原因是农业生产机械投入数量的迅速增长。

表 4-7 统计了 2001 年以来主要农业生产投资及增长率。统计数据显示主要的农业机械拥有量呈现持续增长趋势。其中,农用大中型拖拉机数量由 2001 年的 83.0 万台增长至 2021 年的 498.1 万台,增长了 5.0 倍,年均增幅约为 9.4%;其配套农具的数量由 2001 年的 146.9 万件增长至 2021 年的 479.7 万件,增长了 2.3 倍,年均增幅约为 5.9%;谷物联合收割机的数量由 2001 年的 28.3 万台增长至 2021 年的 223.8 万台,增长了 6.9 倍,年均增幅约为 10.1%;小型拖拉机数量由 2001 年的 1305.1 万台增长至 2011 年 1811.3 万台的峰值后,波动变化至 2021 年的 1675.0 万台,整体仅增长 28.3%。农业机械拥有量的变化呈现出大中型农机的增长速度明显快于小型机械的特点,表明在农业机械替代劳动力中,大中型农业机械的贡献更大,但其中存在资源禀赋导致的区域性差异。从各类农业生产投资的增长趋势来看,整体呈现"加速后放缓"的特征。根据表 4-7 中的数据统计,在 2001 年至 2010 年间农用大中型拖拉机的数量年均增长率为 19.3%,大中型农业机械配套农机具的数量年均增长率为 17.6%,联合收割机的数量年均增长率为 15.0%,小型拖拉机的数量年均增长率为 3.5%;在 2011 年至 2021 年间农用大中型拖拉机、大中型农业机械配套农机具和联合收割机的数量年均增长率分别为 7.3%、7.1% 和 7.7%,分别较上个时期降低了 12.0%、10.5% 和 7.3%;而小型拖拉机的数量年均减少 0.5%,且减少比例呈现扩大的趋势。整体来看,自 2010 年之后主要农业机械拥有量的增长趋势明显放缓,原因可能有三方面:第一,随着机械技术的发展,农业机械的作业效率提高,完成同样的农业生产作业量所需要的机械数量减少;第二,由于不同作物生产中的农机作业需求和作业难度差异较大,农业种植结构的调整可能改变农业机械的需求类型和数量;第三,机械替代劳动需求的紧迫程度逐渐降低,机械替代逐渐趋于饱和。

表 4-7　2001—2021 年主要农业生产投资变化趋势

指标	农用大中型 拖拉机		大中型拖拉 机配套农具		谷物联合 收割机		小型拖拉机		农村住户农业 固定资产投资	
	数量 （万台）	增长率 （％）	数量 （万件）	增长率 （％）	数量 （万台）	增长率 （％）	数量 （万台）	增长率 （％）	金额 （百亿元）	增长率 （％）
2001	83.0	—	146.9	—	28.3	—	1305.1	—	2.9	—
2002	91.2	9.9	157.9	7.5	31.0	9.6	1339.4	2.6	3.1	4.4
2003	98.1	7.6	169.8	7.6	36.5	17.7	1377.7	2.9	5.5	78.3
2004	111.9	14.1	188.7	11.1	41.1	12.5	1454.9	5.6	6.9	25.9
2005	139.6	24.8	226.2	19.9	48.0	17.0	1526.9	4.9	9.2	32.7
2006	171.8	23.1	261.5	15.6	56.6	17.7	1567.9	2.7	9.6	3.7
2007	206.3	20.0	308.3	17.9	63.4	12.1	1619.1	3.3	11.3	17.8
2008	299.5	45.2	435.4	41.2	74.3	17.3	1722.4	6.4	12.6	20.5
2009	351.6	17.4	542.1	24.5	85.8	15.5	1750.9	1.7	13.6	8.3
2010	392.2	11.5	612.0	13.1	99.2	15.6	1785.8	2.0	13.7	0.7
2011	440.6	12.4	699.0	14.0	111.4	12.3	1811.3	1.4	19.4	41.6
2012	485.2	10.1	763.5	9.2	127.9	14.8	1797.2	-0.8	22.2	14.7
2013	527.0	8.6	826.6	8.3	142.1	11.1	1752.3	-2.5	20.8	-6.6
2014	568.0	7.8	889.6	7.6	158.5	11.5	1729.8	-1.3	20.0	-3.7
2015	607.3	6.9	962.0	8.1	173.9	9.7	1703.0	-1.5	19.8	-1.0
2016	645.4	6.3	1028.1	6.9	190.2	9.4	1671.6	-1.8	20.8	5.0
2017	670.1	3.8	1070.0	4.1	198.5	4.4	1634.2	-2.2	20.7	-0.5
2018	422.0	—	422.6	—	205.9	3.7	1818.3	—	22.5	8.7
2019	443.9	5.2	436.5	3.3	212.8	3.4	1780.4	-2.1	22.9	1.8
2020	477.3	7.5	459.4	5.2	219.5	3.1	1727.6	-3.0	25.8	12.6

指标	农用大中型拖拉机		大中型拖拉机配套农具		谷物联合收割机		小型拖拉机		农村住户农业固定资产投资	
	数量（万台）	增长率（%）	数量（万件）	增长率（%）	数量（万台）	增长率（%）	数量（万台）	增长率（%）	金额（百亿元）	增长率（%）
2021	498.1	4.4	479.7	4.4	223.8	2.0	1675.0	-3.0	26.5	2.7

数据来源:《中国农村统计年鉴》(2001—2022)。增长率通过计算得到。

注:2018 年农业农村部根据工业和信息化部标准对拖拉机的分类重新定义,把大中型拖拉机和小型拖拉机的分类标准由发动机功率 14.7 千瓦改为 22.1 千瓦,大中型拖拉机配套农具口径改为"与 58.8 千瓦及以上拖拉机配套"。大中型拖拉机配套农具、小型拖拉机数量亦如此。

第五节 本章小结

本章首先描述了中国城乡人口数量变化趋势和人口流动的现状,并结合相关统计和农户调查数据,一方面,分析了人口流动带来的经济发展地区与城乡不平衡,并讨论引致的社会变迁与社会治理模式的变化;另一方面,分析了人口流动引致的农业劳动力数量减少和老龄化带来的农地资源重新配置,描述了农地流转市场的发展现状与主要特征,以及我国主要农业机械数量投资情况及变化趋势。本章采用描述性统计分析,主要有以下几点结论。

第一,乡村人口流出的趋势有所放缓,但地区之间的发展不平衡问题仍十分突出。在城市生活成本飞涨,"初代农民工"回流,乡村振兴的政策引导,乡村就业机会增加等多重因素的影响下,乡村人口向城镇单向流动的增长趋势减缓。但由于地区之间经济水平、资源禀赋、生产条件等方面的差异,无论是在经济总量、人均收入及其增长的速度,还是农地流转市场的规模与发展趋势,地区之间发展不平衡的问题都依然突出。

第二,乡村人口的大量转移带来传统"熟人社会"的变迁,乡村社会治理问题凸显。乡村人口的持续流出,打破了传统乡村人与人长期、频繁的交往互动的"熟人社会"相处模式,人际关系的"陌生化"逐步瓦解了社会信任维持的乡村基本秩序，国家法律法规逐渐成为约束人与人之间的责任与义务以及解决纠纷的主要依据。然而，受制于法律法规不完善，执法机构不健全，法治权力失范等因素，民间纠纷、邻里纠纷和合同纠纷的数量迅速增长，乡村社会治理问题十分突出。同时，履约环境的恶化也导致了农地市场中的违约行为的迅速增加。

第三，农地流转市场迅速发展，尽管增速有所放缓，但整体呈现规范化的趋势。随着农业劳动力的大量转移，流转耕地的农户数量与面积持续增加，截至2019年年底，全国已有三分之一的农户将家庭承包的耕地转出，流转总面积达到家庭承包经营耕地总面积的35.9%，但自2014年后增速明显放缓，耕地流转市场的发展趋势与农村劳动力转移数量的变化趋势具有高度一致性。同时，耕地流转中签订合约的数量和面积占比不断扩大，截至2019年签订农地流转合约数量增长至5740万份，涉及的耕地面积达到3.64亿亩，约占当年流转总面积的65.6%，流转市场的发展呈现规范化趋势。

第四，农村劳动力数量的减少和老龄化，将带来农业生产中机械替代劳动力的需求不断扩大。随着时间的推移，乡村人口单向地从农业部门向城镇流动，将进一步引致现有农业劳动力的数量持续递减；同时，农村"新生代"劳动力的务农意愿不高，将导致退出的农业劳动力得不到足够数量的补充，预计农业劳动力数量的减少将呈现加速化的发展趋势，而在此过程中必然需要更多的农业机械替代劳动力，以满足农业生产的劳动能力需求。

第五章
合约安排对农户农业生产投资的影响及合约约束力调节效应

本章将实证检验转入户农地合约安排、合约约束力对农户投资决策的影响，选取黑龙江、河南、浙江和四川4省的农户层面的抽样调查数据，利用投资决策模型的实证考察合约安排、合约约束力对农地转入户农业生产投资的影响。值得注意的是，尽管有研究从投资的锁定效应角度分析认为产权稳定性主要影响与土地关联的投资（许庆等，2005；马贤磊，2009；郜亮亮等，2011；应瑞瑶等，2018），并不会影响与土地非关联的投资，但由于农业生产投资（包括与土地非关联的投资，如农业机械等）具有很强的专用性，尽管能够通过变卖或外包等方式获得投资收益（李宁等，2019），也往往面临较高的交易成本和不确定性。因此，农地流转的合约稳定性同样会激励转入户进行与土地非关联的投资，尽管其对非关联性投资的影响可能不如其对关联性投资的影响强，尤其是要素替代需求较高的规模经营主体。下文将分别针对农业基础设施投资和机械投资进行分析，并补充农业规模户的投资分析以进行对比。

第一节 计量经济模型设定、数据与变量

为检验合约约束力对农户农业生产投资的影响，需要比较在不考虑合约约束力与控制合约约束力两种情况下，农地流转合约安排对农户投资影响的差异。为此，本研究首先建立如下计量经济模型，分析不考虑合约约束力时，农地流转合约安排对农户农业生产投资的影响：

$$Y_i = \alpha_0 + \beta_1 \cdot Type_i + \beta_2 \cdot Time_i + \gamma \cdot X_i + \xi_i \tag{5-1}$$

式（5-1）中，被解释变量 Y_i 为农户 i 转入农地后是否有投资（是=1；

否=0）以及投资金额，其中包括基础设施投资（如平整土地、修建道路或水利设施）和机械投资。$Type_i$ 与 $Time_i$ 分别为农户 i 转入土地的合约类型与期限，由于农户可能有多个地块，来自不同的转出户且合约类型与期限存在差异，选取转入农地中面积最大地块的合约类型与期限，更具有代表性。X_i 为一组影响农户投资的控制变量，主要包括以下几方面。（1）农户特征。参考周密等（2015）的方法，控制农户特征，包括户主年龄、受教育程度、种地经验；用家庭房产价值控制流动性约束；由于种植规模扩大会增加农户的投资需求，因此控制了农户的种植面积。（2）村庄特征。主要包括是否有土地流转补贴，是否有机械购置补贴，村农地中灌溉面积占比，近年气候灾害情况，农忙时的雇工工资，村委与乡镇政府的距离，村庄地形特征。

在式（5-1）中进一步引入合约安排与合约约束力交乘项，以检验合约约束力在农地流转合约安排对农户农业生产投资影响中的作用：

$$Y_i = \alpha_0 + \beta_1 \cdot Type_i + \beta_2 \cdot Time_i + \beta_3 \cdot Type_i \cdot$$
$$YSL_i + \beta_4 \cdot Time_i \cdot YSL_i + \gamma \cdot X_i + \xi i \qquad (5\text{-}2)$$

式（5-2）中，YSL_i 为农户 i 所在村庄的合约约束力。在现实中，由于合约约束力具有隐蔽性且影响因素众多，不仅涉及法规、政策、社会因素等内容，还有缔约双方的关系、社会资本等因素，这就使得测度合约约束力尤为困难。农地流转合约的内容往往包含合约双方当事人的信息、约定内容、双方权利与义务、违约权责四个方面的条款，履约行为可以分为双方当事人按照约定内容完全执行和违约时按照违约权责追责两种情况，所以合约约束力可以体现在合约执行和纠纷解决两方面。因此，在模型分析中分别选择村庄合约执行率、纠纷解决率作为合约约束力的代理变量①，具体测度方式分别为合约执行率＝（1-农地纠纷总件数/村农户总数量）×100%；纠纷解决率＝全部纠纷中已经解决的件数/农地纠纷总件数×100%。同时，由于社会文化、法治环境、经济水平等条件的差异，不同区域的合约执行率与纠纷解决率情况

---

① 合约约束力强一方面表现为缔约双方均严格按照合约内容完全执行，即合约执行率较高；另一方面表现为违约时能够按照合约条款追责，即合约纠纷解决率较高。而合约约束力不足主要表现为合约执行率较低且纠纷解决率也较低。因而，本研究选择合约执行率、纠纷解决率作为合约约束力的代理变量，从两个维度分别进行分析，不仅可以减小单一指标引起的合约约束力测度偏误问题，而且能够通过对比增强分析结论的可靠性。

并不适合直接比较，故将上述代理变量分别与省中值相比转换为合约执行率虚拟变量（ZXL_i）、纠纷解决率虚拟变量（LYL_i）。即当村庄的合约执行率（或纠纷解决率）高于省中值时$ZXL_i = 1$（或$LYL_i = 1$），表明村庄 i 的合约约束力较强，$YSL_i = 1$；否则，$YSL_i = 0$。

值得注意的是，式（5-2）中关键解释变量合约约束力YSL_i理论上是内生变量，可能导致模型的内生性问题和参数估计偏误。为检验和处理模型的内生性问题，本研究选择"过去三年，县乡有没有下发过关于土地纠纷仲裁的红头文件"与"过去三年，县乡有没有专门组织过土地纠纷仲裁的会议"作为合约约束力的工具变量。这两个变量符合选择工具变量的两个必要条件：一方面能够直接影响农户农地流转中的合约执行与纠纷解决行为，会显著影响合约约束力；另一方面关于土地纠纷仲裁的红头文件或会议，往往由县乡及以上级别的行政部门制定或组织，具有较好的外生性。针对式（5-2）中的交互项，分别用以上合约约束力的工具变量与$Type_i$、$Time_i$做交互项后共同作为模型的工具变量。采用 Hausman 检验判断模型是否存在内生性问题以及是否需要用工具变量估计参数。

本章采用的数据来源于课题组的"粮食规模化生产情况"调查。调查采用了多阶段抽样法，选择区域跨度较大、农地流转市场和社会经济差异明显的黑龙江、河南、浙江、四川 4 省，保证了样本的代表性和异质性。在每个样本省份内随机选择 4 个市（县），每市（县）内选择 2 个镇（乡），每镇（乡）内随机选择 4 村抽取 32 个粮食生产农户，总体涵盖了 4 省 16 市（县）32 镇（乡）的 128 村 1033 个粮食生产农户，其中包括 679 个有转入地的农户。调查主要收集了农户的家庭人口特征与就业、农业生产（农地流转、生产投入与产出、产品销售）、家庭收入与支出、风险偏好等信息，还收集了样本村庄的资源禀赋、农业生产、农业政策、经济水平、社会治理、自然灾害等信息。根据调查数据整理模型变量的描述性统计如表 5-1 所示。

表5-1　变量的描述性统计

变量名称	变量赋值	均值	标准差	最小值	最大值
基础设施投资	转入土地后是否对农田进行基础设施投资，是＝1，否＝0	0.19	0.39	0	1
机械投资额	转入耕地后的机械投资总金额，单位：千元	37.20	54.57	0.20	583.10
亩均机械投资额	转入耕地后的亩均机械投资金额，单位：元/亩	809	1696	0	20 656
高机械投资额	转入耕地后的机械总投资是否超过省中值，是＝1，否＝0	0.49	0.50	0	1
高亩均机械投资额	转入耕地后机械的亩均投资金额是否超过省中值，是＝1，否＝0	0.50	0.50	0	1
超万元的机械投资	转入耕地后是否有购置单件超过10 000元的机械，是＝1，否＝0	0.24	0.43	0	1
超五千元机械投资	转入耕地后是否有购置单件超过5000元的机械，是＝1，否＝0	0.30	0.46	0	1
合约执行率虚拟变量	村庄合约执行率是否超过省中值，是＝1，否＝0	0.51	0.50	0	1
纠纷解决率虚拟变量	村庄纠纷解决率是否超过省中值，是＝1，否＝0	0.50	0.50	0	1
合约类型	农户转入面积最大地块的合约形式，书面＝1，口头＝0	0.31	0.46	0	1
合约期限	农户转入面积最大地块的合约期限，单位：年	6.08	6.82	1	30
经营面积	家庭种植耕地的面积，单位：亩	139	550	1	13 316
户主年龄	转入耕地时户主的年龄，单位：岁	48.65	10.96	19	83
受教育程度	户主上了多少年的学，单位：年	7.06	3.16	0	16
种地经验	转入耕地时户主种了多少年的地，单位：年	25.02	13.33	1	56
家庭房产价值	2014年家庭房产价值，单位：万元	169.90	173.70	2	900
灌溉面积占比	村庄可以灌溉的耕地面积占比，单位:%	71.67	31.42	0	100

变量名称	变量赋值	均值	标准差	最小值	最大值
村人均耕地面积	村耕地承包总面积/总人口数量，单位：亩/人	3.48	4.68	0.40	22.60
村农地流转比例	村农地流转面积/村耕地总面积×100%，单位：%	44.09	22.27	0	98
流转补贴	是否有农地流转补贴，是=1，否=0	0.16	0.37	0	1
机械购置补贴	过去六年是否都有机械购置补贴，是=1，否=0	0.86	0.34	0	1
纠纷仲裁文件	过去三年县乡有没有下发过关于土地纠纷仲裁红头文件，有=1，没有=0	0.28	0.45	0	1
纠纷仲裁会议	过去三年县乡有没有专门组织过土地纠纷仲裁会议，有=1，没有=0	0.44	0.50	0	1
雇工工资	农忙时雇工工资，单位：元/天	113	42	40	250
受灾情况	过去六年受自然灾害且减产超过10%的年份占比，单位：%	0.33	0.34	0	1
区位条件	到县政府的距离，单位：公里	5.10	4.95	0	45
地形特征（平地作为对照）	丘陵=1，其他=0	0.46	0.50	0	1
	山地=1，其他=0	0.05	0.22	0	1

数据来源：作者根据黑龙江、河南、浙江、四川4省的农户调查数据整理得到。

第二节　实证分析结果与讨论

一、描述性分析

（一）样本农户的分布及耕地经营情况

表5-2统计了调查样本中有转入耕地的679个农户的地区分布与耕地经营情况。调查样本中耕地转入户的平均经营面积为139亩，自有耕地面积占

比仅为7.6%。各省份之间的差异也较为明显，其中：河南省耕地转入户经营的耕地中自有耕地面积占比最低，仅为1.6%；黑龙江省耕地转入户经营的耕地中自有耕地面积占比最高，为10.4%。导致该差异的原因除地区之间资源禀赋条件不同外，农地流转市场的发育程度也是重要影响因素。

表5-2　调查样本中农地转入户耕地经营情况

省份	数量（户）	经营面积（亩）	自有面积占比（%）	转入面积占比（%）
黑龙江	201	242	10.4	89.6
河南	140	143	1.6	98.4
浙江	115	135	5.0	95.0
四川	223	44	9.9	90.1
合计	679	139	7.6	92.4

数据来源：作者根据黑龙江、河南、浙江、四川4省的"粮食规模化生产情况"的农户调查数据整理得到。

（二）合约安排、合约约束力与农户农业生产投资的差异性分析

在不同合约约束力条件下，对比合约类型、合约期限与转入户农业生产投资的差异。表5-3汇报了按合约执行率分组时农户农业生产投资的差异，表5-4汇报了按纠纷解决率分组时农户农业生产投资的差异。

表5-3　不同合约执行率下农户农业生产投资差异分析

投资类型		合约类型		合约期限	
		口头合约	书面合约	短期合约	长期合约
基础设施投资比例（%）	合约执行率低	11.2	22.2	10.1	16.9
	合约执行率高	13.3	36.4	18.0	27.8
机械投资额（千元）	合约执行率低	24.5	50.4	26.3	39.4
	合约执行率高	30.8	64.0	34.7	45.6

投资类型		合约类型		合约期限	
		口头合约	书面合约	短期合约	长期合约
亩均机械投资额（元/亩）	合约执行率低	584.9	938.9	658.1	736.6
	合约执行率高	639.2	983.4	704.7	740.5
机械投资额超过省中值（%）	合约执行率低	29.5	54.6	28.4	47.2
	合约执行率高	57.1	67.6	57.0	64.0
亩均机械投资额超省中值（%）	合约执行率低	44.6	52.8	44.1	46.7
	合约执行率高	45.3	71.6	47.9	63.4
超万元机械投资比例（%）	合约执行率低	10.4	20.6	8.3	12.3
	合约执行率高	26.9	48.8	29.2	39.0
超五千元机械投资比例（%）	合约执行率低	14.0	24.4	14.2	20.2
	合约执行率高	29.8	49.6	44.6	37.9

数据来源：作者根据黑龙江、河南、浙江、四川 4 省的"粮食规模化生产情况"的农户调查数据整理得到。

　　结合表 5-3 中的对比结果，从转入户的基础设施投资来看，合约执行率较低的村庄，签订书面合约的转入户中有基础设施投资的比例为 22.2%，高于口头合约流转的农户投资比例（11.2%），且这一差异（11%）低于合约执行率较高的村庄书面合约与口头合约的差异（23.1%）。同时，合约执行率较低的村庄，签订长期合约与短期合约的农户投资比例差异为 6.8%，低于合约执行率较高的长期合约与短期合约的差异（10%）。以上对比分析的结果显示：合约类型与合约期限对转入户农业生产投资的影响呈现出合约执行率高的村庄大于合约执行率低的村庄的特征，表明合约类型与合约期限对农户农业生产投资的影响会因合约执行率的差异而呈现不同结果。

表5-4 不同纠纷解决率下农户农业生产投资差异分析

投资类型		合约类型		合约期限	
		口头合约	书面合约	短期合约	长期合约
基础设施投资比例（%）	纠纷解决率低	10.9	27.1	12.1	20.7
	纠纷解决率高	13.8	31.9	14.2	23.3
机械投资额（千元）	纠纷解决率低	26.7	47.8	22.8	39.6
	纠纷解决率高	29.1	63.3	37.6	46.0
亩均机械投资额（元/亩）	纠纷解决率低	527.6	679.1	502.7	634.2
	纠纷解决率高	683.4	1151.8	832.1	885.4
机械投资额超省中值（%）	纠纷解决率低	40.7	55.3	41.7	47.4
	纠纷解决率高	47.9	64.8	45.2	63.1
亩均机械投资额超过省中值（%）	纠纷解决率低	44.1	51.8	43.5	46.2
	纠纷解决率高	45.7	68.8	48.1	63.1
超万元机械投资比例（%）	纠纷解决率低	15.0	27.1	10.2	10.9
	纠纷解决率高	25.6	46.0	33.3	40.5
超五千元机械投资比例（%）	纠纷解决率低	18.1	24.7	15.5	19.2
	纠纷解决率高	28.9	44.8	38.1	46.4

数据来源：作者根据黑龙江、河南、浙江、四川4省的"粮食规模化生产情况"的农户调查数据整理得到。

进一步结合表5-4中的对比结果，从基础设施投资来看，纠纷解决率较低的村庄，签订书面合约的转入户中有基础设施投资的比例为27.1%，高于口头合约流转的农户投资比例（10.9%）；二者差值为16.2%，低于纠纷解决率高的村庄书面合约与口头合约的差异（18.1%）。同时，纠纷解决率较低的村庄，签订长期合约与短期合约的农户投资比例差异为8.6%，低于合约执行率较高的长期合约与短期合约的差异（9.1%）。同理，从机械投资额超过省中值、超万元机械投资比例、超5000元机械投资比例分析，结果均显示合约类型与合约期限对不同类型的投资的影响呈现出纠纷解决率高的村庄大于纠纷解决率低的村庄的特征，表明合约类型与合约期限对转入户农业生产投资的影响会因纠纷解决率的差异呈现不同结果。

以上对比分析结果显示：合约类型与合约期限对转入户农业生产投资的影响会因合约执行率或纠纷解决率的差异呈现不同结果。合约执行率与纠纷解决率分别作为合约约束力的代理变量，在不同合约约束力的条件下，合约类型与合约期限对转入户农业生产投资的影响存在差异，而具体的差异有待实证分析的进一步检验。

二、合约安排、合约约束力对转入户基础设施投资的影响

本章重点在于分析合约约束力对转入户农业生产投资的影响，将对比不考虑合约约束力与控制合约约束力两种情形下，农地流转合约安排对转入户农业生产投资影响的差异，以下将分别结合转入户的基础设施投资情况和农业机械投资情况进行分析。表5-5汇报了合约安排、合约约束力对转入户基础设施投资影响的模型拟合结果，分别在不考虑合约约束力、控制合约执行率、控制纠纷解决率三种情形下，汇报了合约类型与合约期限对转入户基础设施投资影响的Probit模型的估计参数和边际效应。模型均采用极大似然法进行参数估计。

从关键解释变量看，在不考虑合约约束力时，合约类型与合约期限对农户基础设施投资有显著的正向影响，且在估计结果统计上显著，表明农地流转中书面的、长期的合约对转入户的基础设施投资有显著的促进作用。在控制合约约束力时，合约类型与合约期限的系数为正，统计上不显著；但无论是选择合约执行率还是纠纷解决率作为合约约束力的代理变量，合约类型、合约期限与合约约束力交叉项的系数均为正，且估计结果统计上显著[①]，表明了农地流转中书面的、长期的合约对转入户基础设施投资的促进作用主要体现在合约约束力强的区域，而当合约约束力不足时其促进作用并不明显。以上结果的对比分析表明：合约约束力是制约书面合约与长期合约促进转入户

---

① 表5-5第六列中合约期限与纠纷解决率交叉项的参数估计接近10%的统计显著水平。

基础设施投资的重要约束条件。

以上模型的控制变量包括农户特征、村庄特征及省虚拟变量，对农户基础设施投资的影响均符合预期。其中，经营面积和农忙时雇工工资对农户基础设施投资存在显著影响，即经营面积更大的农户投资的可能性更高，农忙时雇工工资更高的区域农户投资的可能性更高。

表5-5 合约安排、合约约束力对转入户基础设施投资的影响

变量名称	不控制合约约束力		控制合约执行率		控制纠纷解决率	
	Probit	边际效应	Probit	边际效应	Probit	边际效应
合约期限	0.327**	0.074**	0.256	0.058	0.056	0.014
	(0.027)	(0.028)	(0.174)	(0.175)	(0.797)	(0.778)
合约类型	0.037***	0.008***	0.024	0.006	0.026	0.006
	(0.001)	(0.000)	(0.189)	(0.188)	(0.112)	(0.113)
合约类型×合约执行率虚拟变量	—	—	0.151**	0.033**	—	—
	—	—	(0.011)	(0.018)	—	—
合约期限×合约执行率虚拟变量	—	—	0.022*	0.005*	—	—
	—	—	(0.096)	(0.063)	—	—
合约类型×纠纷解决率虚拟变量	—	—	—	—	0.606**	0.136**
	—	—	—	—	(0.011)	(0.010)
合约期限×纠纷解决率虚拟变量	—	—	—	—	0.016	0.004
	—	—	—	—	(0.103)	(0.101)
经营面积	0.002***	0.000***	0.002***	0.000***	0.002***	0.000***
	(0.000)	(0.000)	(0.000)	(0.000)	(0.000)	(0.000)
户主年龄	0.005	0.001	0.005	0.001	0.006	0.001
	(0.551)	(0.547)	(0.526)	(0.525)	(0.467)	(0.464)

变量名称	不控制合约约束力		控制合约执行率		控制纠纷解决率	
	Probit	边际效应	Probit	边际效应	Probit	边际效应
户主受教育程度	0.012	0.003	0.015	0.003	0.014	0.003
	(0.584)	(0.579)	(0.502)	(0.498)	(0.527)	(0.523)
户主农业经验	-0.010	-0.002	-0.010	-0.002	-0.012*	-0.003
	(0.109)	(0.108)	(0.112)	(0.111)	(0.077)	(0.075)
家庭房产价值	0.000	0.000	0.000	0.000	0.000	0.000
	(0.620)	(0.611)	(0.622)	(0.609)	(0.715)	(0.715)
灌溉耕地面积占比	0.004*	0.001*	0.005*	0.001*	0.005**	0.001**
	(0.067)	(0.067)	(0.059)	(0.058)	(0.040)	(0.039)
机械补贴	0.090	0.02	0.150	0.033	0.145	0.032
	(0.784)	(0.784)	(0.656)	(0.661)	(0.673)	(0.673)
雇工工资	0.004**	0.001**	0.004**	0.001**	0.004**	0.001**
	(0.022)	(0.021)	(0.027)	(0.025)	(0.028)	(0.027)
村委会到乡政府距离	-0.010	-0.002	-0.010	-0.002	-0.007	-0.002
	(0.495)	(0.492)	(0.517)	(0.515)	(0.643)	(0.642)
自然灾害情况	-0.144	-0.033	-0.205	-0.046	-0.238	-0.053
	(0.497)	(0.496)	(0.339)	(0.340)	(0.271)	(0.267)
丘陵(参照"平原")	0.056	0.013	0.058	0.013	0.082	0.018
	(0.787)	(0.785)	(0.780)	(0.779)	(0.698)	(0.697)
山地(参照"平原")	-0.105	-0.023	-0.022	-0.005	-0.127	-0.026
	(0.756)	(0.745)	(0.949)	(0.945)	(0.716)	(0.703)
省虚拟变量	控制	控制	控制	控制	控制	控制

变量名称	不控制合约约束力		控制合约执行率		控制纠纷解决率	
	Probit	边际效应	Probit	边际效应	Probit	边际效应
常数项	-2.326***	—	-2.430***	—	-2.458***	—
	(0.000)	—	(0.000)	—	(0.000)	—
观测值	679	679	679	679	679	679
LR chi2	103.2***	—	107.2***	—	115.3***	—

注：*、**和***分别表示在10%、5%和1%的水平上显著，括号内数字为估计系数统计检验的p值。

数据来源：作者根据课题组"粮食规模化生产情况"调查数据统计整理。

三、合约安排、合约约束力对转入户农业机械投资的影响

表5-6分别汇报了合约安排、合约约束力对农户转入农地后的机械投资额和亩均机械投资额的影响以及在不考虑合约约束力、控制合约执行率、控制纠纷解决率三种情形下的拟合结果。模型均为线性模型，采用最小二乘法进行参数估计。

从关键解释变量看，在不考虑合约约束力时，合约类型与合约期限对农户机械投资额和亩均机械投资额均有显著的正向影响，且参数估计结果均在5%及以上的统计水平上显著，表明农地流转中书面的、长期的合约对转入户的机械投资额和亩均机械投资额均有显著的促进作用。在控制合约约束力时，合约类型与合约期限的系数为正，统计上不显著；无论是选择合约执行率还是纠纷解决率作为合约约束力的代理变量，合约类型、合约期限与合约约束力交叉项的系数均为正，部分参数在10%的统计水平上显著，同时系数对比显示在合约约束力强的区域，农地流转中签订书面、长期合约转入户的机械投资总额和亩均机械投资额更高。

以上模型估计参数并不显著的可能原因是农地资源数量和禀赋条件引致的农户投资决策和购置机械类型存在较大的地区差异，造成转入地的合约安排和合约约束力对机械投资额的影响并不十分明显。为更准确地控制地区异质性，下文将从两个角度分别进一步检验：第一，将农户的机械投资额和亩

均机械投资额分别与省中值进行比较,构建机械投资虚拟变量后重新估计;第二,比较转入户的大型农业机械投资行为的差异。

表5-6 合约安排、合约约束力对转入户机械投资额与亩均机械投资额的影响

变量名称	机械投资额			亩均机械投资额		
合约类型	15.02***	8.97	5.04	481.18**	263.63	114.68
	(0.002)	(0.146)	(0.452)	(0.012)	(0.187)	(0.598)
合约期限	0.63**	0.58	0.18	39.67***	32.61	29.08*
	(0.015)	(0.235)	(0.747)	(0.002)	(0.241)	(0.099)
合约类型×合约执行率虚拟变量	—	12.22*	—	—	444.16*	—
	—	(0.074)	—	—	(0.076)	—
合约期限×合约执行率虚拟变量	—	0.12	—	—	14.23	—
	—	(0.108)	—	—	(0.131)	—
合约类型×纠纷解决率虚拟变量	—	—	16.97**	—	—	620.64
	—	—	(0.032)	—	—	(0.115)
合约期限×纠纷解决率虚拟变量	—	—	0.68	—	—	15.85*
	—	—	(0.103)	—	—	(0.093)
经营面积	0.01**	0.01***	0.01***	-0.29**	-0.28**	-0.26**
	(0.011)	(0.009)	(0.006)	(0.016)	(0.019)	(0.029)
户主年龄	0.04	0.07	0.06	-1.37	-0.51	-0.70
	(0.876)	(0.809)	(0.810)	(0.876)	(0.954)	(0.936)
户主受教育程度	0.19	0.22	0.21	1.04	2.67	1.69
	(0.788)	(0.756)	(0.766)	(0.963)	(0.906)	(0.940)
户主农业经验	-0.31	-0.32	-0.33	10.84	10.54	10.26
	(0.138)	(0.126)	(0.116)	(0.111)	(0.121)	(0.130)

续表

变量名称	机械投资额			亩均机械投资额		
家庭房产价值	-0.01	-0.01	-0.01	-0.19	-0.18	-0.20
	(0.548)	(0.557)	(0.536)	(0.656)	(0.674)	(0.638)
灌溉耕地面积占比	0.07	0.06	0.07	5.35**	5.39**	5.74**
	(0.403)	(0.408)	(0.338)	(0.035)	(0.034)	(0.024)
机械补贴	3.89***	2.77***	3.64***	322.69	411.93	370.33
	(0.004)	(0.007)	(0.005)	(0.362)	(0.246)	(0.293)
雇工工资	0.06	0.07	0.07	1.52	1.65	1.63
	(0.295)	(0.277)	(0.257)	(0.437)	(0.399)	(0.404)
村委会到乡政府距离	0.05	0.07	0.14	-4.74	-3.94	-2.11
	(0.901)	(0.876)	(0.741)	(0.733)	(0.776)	(0.879)
自然灾害情况	0.72	0.11	1.53	372.24*	325.55	297.43
	(0.915)	(0.987)	(0.820)	(0.090)	(0.140)	(0.175)
丘陵（参照"平原"）	-1.94	-1.44	-1.68	236.49	253.19	251.17
	(0.769)	(0.828)	(0.799)	(0.270)	(0.237)	(0.240)
山地（参照"平原"）	-35.78***	-33.76***	-36.60***	51.86	147.39	29.49
	(0.001)	(0.003)	(0.001)	(0.886)	(0.686)	(0.935)
省虚拟变量	控制	控制	控制	控制	控制	控制
常数项	91.38***	88.36***	89.50***	-271.07	-402.78	-348.91
	(0.000)	(0.000)	(0.000)	(0.690)	(0.554)	(0.607)
观测值	679	679	679	679	679	679
R^2	0.168	0.172	0.180	0.093	0.101	0.107

续表

变量名称	机械投资额			亩均机械投资额		
模型拟合优度 F 检验	7.78***	7.14***	7.65***	5.97***	5.48***	5.66***

注:*、**和***分别表示在10%、5%和1%的水平上显著,括号内数字为估计系数统计检验的 p 值。

数据来源:作者根据课题组"粮食规模化生产情况"调查数据统计整理。

表5-7分别汇报了合约安排、合约约束力对农户转入农地后的机械投资额与亩均投资额超过省中值的影响,均选择 Probit 模型进行分析,采用极大似然法进行参数估计。从关键解释变量看,在不考虑合约约束力时,书面合约和长期合约对农户机械投资额与亩均投资额超过省中值均有显著的正向影响,且估计结果均在10%及以上的统计水平显著,表明农地流转中签订书面、长期合约的农户具有更高的机械投资和亩均机械投资水平。在控制合约约束力时,合约类型与合约期限的系数为正,统计上不显著。无论是选择合约执行率还是纠纷解决率作为合约约束力的代理变量,合约类型、合约期限与合约约束力的交叉项的系数均为正,且均在10%的统计水平上显著,表明:在合约约束力更强的区域,流转中签订书面合约和长期合约的农户具有更高的机械投资和亩均机械投资水平;而在合约约束力不足的区域,流转中签订书面合约和长期合约对农户的机械投资额和亩均机械投资的促进作用并不明显。结果表明,合约约束力是制约书面合约与长期合约,促进转入户机械投资和亩均机械投资的重要约束条件。

表5-7　合约安排、合约约束力对机械投资额与亩均投资额超过省中值的影响

变量名称	不控制合约约束力		控制合约执行率		控制纠纷解决率	
	Probit	边际效应	Probit	边际效应	Probit	边际效应
被解释变量:机械投资 I(机械投资额超过省中值)						
合约类型	0.224*	0.087*	0.208	0.079	0.155	0.065
	(0.080)	(0.061)	(0.196)	(0.172)	(0.374)	(0.305)

续表

变量名称	不控制合约约束力		控制合约执行率		控制纠纷解决率	
	Probit	边际效应	Probit	边际效应	Probit	边际效应
合约期限	0.041***	0.015***	0.020	0.007	0.022	0.009
	(0.000)	(0.000)	(0.117)	(0.125)	(0.108)	(0.103)
合约类型×合约执行率虚拟变量	—	—	0.048**	0.019**	—	—
	—	—	(0.017)	(0.021)	—	—
合约期限×合约执行率虚拟变量	—	—	0.048***	0.019***	—	—
	—	—	(0.002)	(0.001)	—	—
合约类型×纠纷解决率虚拟变量	—	—	—	—	0.129**	0.041**
	—	—	—	—	(0.031)	(0.048)
合约期限×纠纷解决率虚拟变量	—	—	—	—	0.030**	0.011*
	—	—	—	—	(0.049)	(0.054)
经营面积	0.002***	0.001***	0.002***	0.001***	0.002***	0.001***
	(0.000)	(0.000)	(0.000)	(0.000)	(0.000)	(0.000)
其他控制变量	控制	控制	控制	控制	控制	控制
观测值	679	679	679	679	679	679
LR chi2	71.03***	—	83.45***	—	77.17***	—
被解释变量：机械投资Ⅱ（亩均机械投资额超过省中值）						
合约类型	0.868***	0.308***	0.525	0.181	0.589	0.202
	(0.000)	(0.000)	(0.121)	(0.146)	(0.201)	(0.235)
合约期限	0.024**	0.009**	0.015	0.006	0.009	0.003
	(0.023)	(0.016)	(0.250)	(0.204)	(0.506)	(0.500)

续表

变量名称	不控制合约约束力		控制合约执行率		控制纠纷解决率	
	Probit	边际效应	Probit	边际效应	Probit	边际效应
合约类型×合约执行率虚拟变量	—	—	0.806***	0.273***	—	—
	—	—	（0.002）	0.000	—	—
合约期限×合约执行率虚拟变量	—	—	0.021**	0.007**	—	—
	—	—	（0.015）	（0.017）	—	—
合约类型×纠纷解决率虚拟变量	—	—	—	—	0.533**	0.193***
	—	—	—	—	（0.011）	（0.006）
合约期限×纠纷解决率虚拟变量	—	—	—	—	0.024	0.009*
	—	—	—	—	（0.105）	（0.079）
经营面积	-0.001***	-0.001***	-0.002***	-0.001***	-0.001***	-0.001***
	（0.000）	（0.000）	（0.000）	（0.000）	（0.000）	（0.000）
其他控制变量	控制	控制	控制	控制	控制	控制
观测值	679	679	679	679	679	679
LR chi2	86.88***	—	111.1***	—	101.1***	—

注：*、**和***分别表示在10%、5%和1%的水平上显著，括号内数字为估计系数统计检验的 p 值。

数据来源：作者根据课题组"粮食规模化生产情况"调查数据统计整理。

表5-8汇报了合约安排、合约约束力对转入户大型机械购置行为的影响，其中包括是否购置单价超过万元的机械和单价超过五千元的机械，均选择 Probit 模型进行分析，采用极大似然法进行参数估计。结果显示，无论是购置单价超过一万元的机械，还是单价超过五千元的机械，在不考虑合约约束力时，书面合约和长期合约对农户大型机械购置行为均有显著的正向影响，且参数估计结果均在1%的统计水平显著，表明农地流转中签订书面、长期合约的转入户投资大型机械的可能性更高。在控制合约约束力时，合约类型与合

约期限的系数为正，统计上不显著。无论是选择合约执行率还是纠纷解决率作为合约约束力的代理变量，合约类型、合约期限与合约约束力的交叉项的系数均为正，且在统计上显著，表明：在合约约束力较强的区域，流转中签订书面合约和长期合约的农户更有可能购置单价高的机械；而在合约约束力不足的区域，流转中签订书面合约和长期合约对转入户投资大型机械的促进作用并不明显。对比分析表明，合约约束力是制约书面合约与长期合约，促进转入户购置大型机械的重要约束条件，与以上模型的分析结论完全一致，验证了上文的研究假说。

表5-8 合约安排、合约约束力对超万元与超五千元机械投资的影响

变量名称	不控制合约约束力		控制合约执行率		控制纠纷解决	
	Probit	边际效应	Probit	边际效应	Probit	边际效应
被解释变量：机械投资Ⅲ（购买超万元机械）						
合约类型	0.542***	0.079***	0.379	0.020	0.161	0.032
	(0.000)	(0.002)	(0.113)	(0.133)	(0.441)	(0.459)
合约期限	0.031***	0.008***	0.011	0.003	0.006	0.005
	(0.006)	(0.003)	(0.978)	(0.908)	(0.737)	(0.753)
合约类型×合约执行率虚拟变量	—	—	0.409**	0.120**	—	—
	—	—	(0.013)	(0.020)	—	—
合约期限×合约执行率虚拟变量	—	—	0.057***	0.009**	—	—
	—	—	(0.002)	(0.032)	—	—
合约类型×纠纷解决率虚拟变量	—	—	—	—	0.669***	0.183***
	—	—	—	—	(0.004)	(0.001)
合约期限×纠纷解决率虚拟变量	—	—	—	—	0.038**	0.004**
	—	—	—	—	(0.045)	(0.035)

变量名称	不控制合约约束力		控制合约执行率		控制纠纷解决率	
	Probit	边际效应	Probit	边际效应	Probit	边际效应
经营面积	0.002***	0.000***	0.002***	0.000***	0.002***	0.000***
	(0.000)	(0.000)	(0.000)	(0.000)	(0.000)	(0.000)
其他控制变量	控制	控制	控制	控制	控制	控制
观测值	679	679	679	679	679	679
LR chi2	186.7***	—	209.8***	—	209.5***	—
被解释变量：机械投资Ⅳ（购买超五千元机械）						
合约类型	0.581***	0.089***	0.272	0.070	0.237	0.090
	(0.000)	(0.007)	(0.142)	(0.194)	(0.242)	(0.271)
合约期限	0.034***	0.009***	0.008	0.005	0.014	0.007
	(0.003)	(0.002)	(0.645)	(0.685)	(0.419)	(0.475)
合约类型×合约执行率虚拟变量	—	—	0.719**	0.185**	—	—
	—	—	(0.042)	(0.025)	—	—
合约期限×合约执行率虚拟变量	—	—	0.049***	0.007**	—	—
	—	—	(0.007)	(0.012)	—	—
合约类型×纠纷解决率虚拟变量	—	—	—	—	0.625***	0.168***
	—	—	—	—	(0.008)	(0.002)
合约期限×纠纷解决率虚拟变量	—	—	—	—	0.032*	0.003*
	—	—	—	—	(0.077)	(0.086)
经营面积	0.005***	0.001***	0.004***	0.001***	0.004***	0.001***
	(0.000)	(0.000)	(0.000)	(0.000)	(0.000)	(0.000)
其他控制变量	控制	控制	控制	控制	控制	控制

变量名称	不控制合约约束力		控制合约执行率		控制纠纷解决率	
	Probit	边际效应	Probit	边际效应	Probit	边际效应
观测值	679	679	679	679	679	679
LR chi2	276.6***	—	305.9***	—	293.9***	—

注：*、**和***分别表示在10%、5%和1%的水平上显著，括号内数字为估计系数统计检验的 p 值。

数据来源：作者根据课题组"粮食规模化生产情况"调查数据统计整理。

表5-6至表5-8的模型中均控制了农户特征、村庄特征变量及省虚拟变量。综合来看，转入户经营农地的面积对机械投资行为存在显著影响，其中：对机械投资额与亩均机械投资额超过省中值、单价超万元与超五千元的机械投资有显著的正向影响，表明经营面积越大的农户，购置大型农业机械的可能性和投资额越高；对亩均机械投资额和亩均机械投资额是否超过省中值有显著的负向影响，表明经营面积大的农户购置机械存在规模经济，这与现实情况相符，其他控制变量的符号与预期基本一致。

第三节　稳健性分析

考虑到关键解释变量合约约束力理论上是内生变量，可能导致以上模型参数估计偏误。为检验和处理模型的内生性问题，本研究选择"过去三年，县乡有没有下发过关于土地纠纷仲裁的红头文件"与"过去三年，县乡有没有专门组织过土地纠纷仲裁的会议"作为合约约束力的工具变量，分别用以上变量与合约类型、合约期限做交互项后作为模型的工具变量。另一方面，农户经营面积也可能存在内生性，分析中将村庄人均耕地面积、村庄农地流转比例、农地流转补贴作为工具变量。以下将分别汇报选择合约执行率与纠纷解决率作为合约约束力代理变量的处理模型内生性问题的估计结果。

表5-9汇报了合约安排、合约执行率作为代理变量并使用工具变量处理

模型内生性问题的估计结果，其中包括基础设施投资、高机械投资额、高亩均机械投资额、超万元机械投资、超五千元机械投资，以上模型的结果显示相对于合约执行率低的区域，在合约执行率较高的区域签订书面、长期合约的转入户投资的可能性更高，即合约执行率是制约农地流转中书面合约与长期合约，促进转入户农业生产投资的重要约束条件。

在选择合约执行率作为合约约束力代理变量的模型中，针对转入户机械投资额、亩均机械投资额的工具变量的 Hausman 检验结果显示，卡方统计量分别为 26.03 和 23.90，拒绝了模型不存在内生性的原假设，表明两套估计量存在系统性差异，模型中合约执行率作为合约约束力的代理变量存在内生性问题。同时，模型中工具变量的内生性检验卡方值为 3.39，弱工具变量检验的 F 值为 14.57，通过模型工具变量的外生性与弱工具变量的检验。另外，由于各投资模型选择的工具变量相同，所以以上分析结果可推论至其他投资模型中。

表 5-9 合约安排、合约执行率对转入户农业生产投资的影响（工具变量）

变量名称	基础设施投资	高机械投资额	高亩均机械投资额	超万元机械投资	超五千元机械投资
合约类型	0.375	0.361	0.153	0.389	0.338
	(0.248)	(0.226)	(0.621)	(0.272)	(0.120)
合约期限	0.040	0.031	0.052	0.007	0.004
	(0.326)	(0.419)	(0.184)	(0.878)	(0.939)
合约类型×合约执行率虚拟变量	0.113*	0.114**	0.376**	0.754**	0.696**
	(0.085)	(0.031)	(0.013)	(0.029)	(0.029)
合约期限×合约执行率虚拟变量	0.028**	0.025***	0.048	0.039*	0.054***
	(0.014)	(0.007)	(0.049)	(0.056)	(0.005)
经营面积	0.002**	0.001**	-0.001**	0.001**	0.005***
	(0.024)	(0.018)	(0.014)	(0.033)	(0.000)

续表

变量名称	基础设施投资	高机械投资额	高亩均机械投资额	超万元机械投资	超五千元机械投资
户主年龄	0.005	0.002	0.004	-0.008	-0.021**
	(0.581)	(0.789)	(0.601)	(0.377)	(0.035)
户主受教育程度	0.013	0.018	0.008	0.034	0.022
	(0.579)	(0.362)	(0.681)	(0.180)	(0.397)
户主农业经验	-0.010	-0.003	0.007	-0.010	0.007
	(0.166)	(0.656)	(0.305)	(0.213)	(0.421)
家庭房产价值	0.000	0.000	0.000	-0.000	-0.000
	(0.711)	(0.771)	(0.983)	(0.739)	(0.757)
灌溉耕地面积占比	0.004	-0.000	-0.002	-0.004	-0.006*
	(0.111)	(0.976)	(0.419)	(0.196)	(0.057)
机械补贴	0.060	0.026	-0.262	0.667	0.117
	(0.884)	(0.942)	(0.464)	(0.164)	(0.810)
雇工工资	0.004**	0.002	0.002	0.007***	0.006***
	(0.025)	(0.352)	(0.214)	(0.001)	(0.009)
村委会到乡政府距离	-0.011	0.002	-0.017	-0.031*	-0.008
	(0.481)	(0.882)	(0.192)	(0.088)	(0.632)
自然灾害情况	-0.146	0.341	0.163	0.085	-0.114
	(0.542)	(0.103)	(0.444)	(0.763)	(0.683)
丘陵（参照"平原"）	0.059	-0.074	-0.003	-0.356	-0.633***
	(0.788)	(0.693)	(0.987)	(0.118)	(0.007)

变量名称	基础设施投资	高机械投资额	高亩均机械投资额	超万元机械投资	超五千元机械投资
山地(参照"平原")	-0.149	-0.487	-0.464	-0.270	-1.213*
	(0.796)	(0.337)	(0.377)	(0.657)	(0.055)
省虚拟变量	控制	控制	控制	控制	控制
常数项	-2.290***	-0.537	-0.012	-1.446*	-0.672
	(0.002)	(0.382)	(0.985)	(0.079)	(0.428)
观测值	679	679	679	679	679
Wald chi2	74.03	51.95	67.87	122.6	150.4

注:*、**和***分别表示在10%、5%和1%的水平上显著,括号内数字为估计系数统计检验的p值。

数据来源:作者根据课题组"粮食规模化生产情况"调查数据统计整理。

　　表5-10汇报了采用纠纷解决率作为代理变量并使用工具变量处理模型内生性问题的估计结果,结果显示,相对于纠纷解决率低的区域,在纠纷解决率较高的区域签订书面、长期合约的转入户投资的可能性更高,即纠纷解决率是制约农地流转中书面合约与长期合约,促进转入户农业生产投资的重要约束条件。

　　在选择纠纷解决率作为合约约束力代理变量的模型中,针对转入户机械投资额、亩均机械投资额的线性OLS估计量和IV-OLS估计量的Hausman检验结果显示,卡方统计量分别为25.56和24.40,均在10%的统计水平上拒绝了不存在内生性的原假设,表明两套估计量存在系统性的差异,模型中纠纷执行率作为合约约束力的代理变量存在内生性问题。同时,模型中工具变量的内生性检验的卡方值为5.14,弱工具变量检验的F值为12.47,通过模型工具变量的外生性与弱工具变量的检验。另外,由于各投资模型选择的工具变量相同,所以以上分析结果亦可推论至其他投资模型中。

表5-10 合约安排、纠纷解决率对转入户农业生产投资的影响（工具变量）

变量名称	基础设施投资	高机械投资额	高亩均机械投资额	超万元机械投资	超五千元机械投资
合约类型	0.368	0.021	0.905	0.152	0.495
	(0.556)	(0.970)	(0.172)	(0.409)	(0.444)
合约期限	0.031	0.034	0.116	0.015	0.006
	(0.566)	(0.483)	(0.148)	(0.807)	(0.916)
合约类型×纠纷解决率虚拟变量	0.104**	0.413**	0.703***	0.793***	0.376**
	(0.014)	(0.029)	(0.009)	(0.007)	(0.041)
合约期限×纠纷解决率虚拟变量	0.009**	0.012**	0.132**	0.024**	0.045**
	(0.011)	(0.043)	(0.012)	(0.035)	(0.017)
经营面积	0.002**	0.001*	-0.001**	0.002**	0.005***
	(0.022)	(0.061)	(0.018)	(0.032)	(0.000)
户主年龄	0.006	0.003	-0.001	-0.010	-0.017*
	(0.522)	(0.682)	(0.948)	(0.269)	(0.072)
户主受教育程度	0.013	0.016	0.003	0.025	0.020
	(0.566)	(0.402)	(0.906)	(0.298)	(0.419)
户主农业经验	-0.011	-0.003	0.011	-0.007	0.006
	(0.132)	(0.668)	(0.151)	(0.363)	(0.457)
家庭房产价值	0.000	0.000	-0.000	-0.000	-0.000
	(0.731)	(0.935)	(0.497)	(0.320)	(0.812)
灌溉耕地面积占比	0.005	-0.000	0.000	-0.004	-0.006**
	(0.113)	(0.872)	(0.897)	(0.192)	(0.040)

变量名称	基础设施投资	高机械投资额	高亩均机械投资额	超万元机械投资	超五千元机械投资
机械补贴	0.081	0.020	−0.344	0.360	0.055
	(0.840)	(0.953)	(0.387)	(0.415)	(0.897)
雇工工资	0.004**	0.002	0.001	0.007***	0.005**
	(0.037)	(0.373)	(0.817)	(0.001)	(0.016)
村委会到乡政府距离	−0.009	0.004	−0.015	−0.019	−0.005
	(0.577)	(0.767)	(0.327)	(0.298)	(0.781)
自然灾害情况	−0.154	0.308	−0.034	−0.151	−0.116
	(0.536)	(0.133)	(0.893)	(0.591)	(0.673)
丘陵（参照"平原"）	0.062	−0.043	0.170	−0.265	−0.629***
	(0.788)	(0.821)	(0.454)	(0.238)	(0.006)
山地（参照"平原"）	−0.121	−0.628	−0.847	−1.087*	−1.310**
	(0.827)	(0.200)	(0.158)	(0.052)	(0.023)
省虚拟变量	控制	控制	控制	控制	控制
常数项	−2.366***	−0.548	−0.174	−1.131	−0.649
	(0.001)	(0.371)	(0.812)	(0.139)	(0.401)
观测值	679	679	679	679	679
Wald chi2	73.76	52.85	54.73	127.3	155.4

注：*、**和***分别表示在10%、5%和1%的水平上显著，括号内数字为估计系数统计检验的 p 值。

数据来源：作者根据课题组"粮食规模化生产情况"调查数据统计整理。

综合以上分析可知，无论是选择合约执行率还是纠纷解决率作为合约约束力的代理变量，都能证明合约约束力是制约流转中的书面合约与长期合约，促进转入户的基础设施投资和农业机械投资的重要约束条件。利用工具变量处理模型内生性问题后的分析结果与前文对应各投资的影响一致，进一步验证了本书的研究假说。

除此之外，本研究还针对调查样本中的规模户重复以上分析过程（详细结果参见附表），模型结果显示，在不考虑合约约束力与控制合约约束力两种条件下，书面合约与长期合约对规模经营户的基础设施投资和机械投资的影响差异更大，表明合约约束力对规模经营户的投资行为制约作用更为显著。

第四节　本章小结

随着流转市场的快速发展，农地转入户农业生产投资不足成为制约农业生产效率提高和农业现代化发展的重要问题。本章将合约约束力引入农地合约安排对农户农业生产投资影响的分析框架，探讨合约稳定性对农户农业生产投资的影响，着重考察合约约束力在上述影响机制中的作用，并利用黑龙江、河南、浙江、四川4省农户抽样调查数据进行实证检验。实证结果表明：农地流转中的书面与长期合约对转入户的农业生产投资具有激励效应，但会受到合约约束力的制约。不考虑合约约束力时，书面合约与长期合约的参数为正且显著，表明农地流转中签订书面、长期合约的转入户的基础设施投资和农业机械投资的可能性更高。在控制合约约束力时，无论是选择合约执行率还是纠纷解决率作为合约约束力的代理变量，合约类型、合约期限及其与合约约束力的交叉项的系数对比都表明，在合约约束力较强的区域，流转中签订书面合约和长期合约的农户更有可能进行农业生产投资，即合约约束力不足会影响签订书面与长期合约的稳定性，削弱其对转入户农业生产投资的激励效应。

本章提出的政策建议有三。第一，加强流转市场的监督与管理。构建农地流转信息收集、发布和交易平台，制定统一规范的合同示范文本，明确合约的权利、义务以及违约责任；构建大宗农地流转利用的备案机制，强化村集体组织作为发包方监管作用，防范风险。第二，健全乡村治理的法律体系。完善农地产权制度等相关法律法规，提高执行效率；完善与承包地经营权相关联的公证、仲裁等机构，强化纠纷协调处理服务功能，有效保障和维护流转双方权益；加强农地法规和政策的宣传教育工作，强化农户的维权意识。第三，创新农地流转交易担保机制。加强农地流转经营的风险评估，健全评估信息的收集与发布机制，构建以政府为主导的履约担保机制，有效地避免或降低合约双方的风险，保障双方的合法权益。

第六章

合约约束力对农地流转市场合约结构的影响及资源配置建议

前文分析了不同合约约束力的条件下农户选择不同类型和期限合约收益的差异，讨论合约约束力对流转市场书面合约与长期合约农地面积占比的影响，从而探讨合约约束力对农地流转市场合约结构的影响。研究进一步比较了选择不同类型与期限合约转入耕地的农户特征与生产行为，从而阐明合约约束力对流转市场资源配置的影响。本章利用黑龙江、河南、浙江和四川4省农户和村庄调查数据进行实证分析，检验合约约束力对流转市场书面与长期合约面积占比的影响并阐明资源配置含义。

第一节　计量经济模型设定、数据与变量

一、计量经济模型设定

本章主要检验合约约束力对农地流转市场合约结构的影响，其中包括书面合约占比与长期合约面积占比两部分，分别设定计量经济模型如下：

$$XS_i = \alpha_1 + \beta_1 \cdot YSL_i + \gamma_1 X_i + \xi_i \qquad (6-1)$$

式（6-1）中：XS_i 表示村庄 i 农地流转中书面合约的面积占比，用村农地流转中签订书面合约的面积占流转总面积的比例测度。

$$QX_i = \alpha_2 + \beta_2 \cdot YSL_i + \gamma_2 X_i + \xi_i \qquad (6-2)$$

式（6-2）中：QX_i 表示村庄 i 农地流转中长期合约的面积占比，用村农地流转中长期合约（合约期限在 3 年及以上）的面积占流转总面积的比例测度。YSL_i 表示合约约束力强度，在现实中，由于合约约束力具有隐蔽性且影

响因素众多，不仅涉及法规、政策、社会因素等内容，还有缔约双方的关系、社会资本等因素，这就使得测度合约约束力尤为困难。农地流转合约的内容往往包含合约双方当事人信息、约定内容、双方权利与义务、违约权责四方面的条款，履约行为可以分为双方当事人按照约定内容完全执行和违约时按照违约权责追责两种情况，所以合约约束力可以体现在合约执行情况和纠纷解决情况两方面。因此，在模型分析中分别选择村庄层面的合约执行率ZXL_i和纠纷解决率LYL_i作为合约约束力的代理变量。

式（6-1）与式（6-2）中X_i为村庄层面可能影响合约选择的系列控制变量向量，ξ_i为随机扰动项。从农户角度分析，选择合约的唯一标准在于收益的最大化，而收益可能包含流转的货币与实物租金、流转对象之间的人情交往收益、政府的政策补贴及农地未来的收益预期。因此，影响农户收益的因素可能包括农地自然条件、经济发展水平、农地流转市场发展情况、行政与政策干预等方面。

计量经济模型中选择的影响流转市场合约结构的控制变量主要包括以下四方面。第一，地块自然条件。从农户层面来看，农地流转合约的选择会受到农地价值的影响，而地块的自然特征不仅会影响生产过程中要素投入的边际产出，还会影响农业生产技术的使用及效率，从而影响农地的价值。因此选择地块的面积、地形特征、区位条件3个变量。预期农地面积大、平原地区、与县/镇政府距离近的地区，农地流转市场中的货币租金水平越高，农户会越倾向于选择书面与长期的合约，从而影响农地流转市场合约结构。第二，经济发展水平。无论是农户经营获得经营收入，还是转出农地获得租金收入，农地都是家庭收入的重要来源之一，同时也包含对未来收入的预期，因而地区的经济发展水平是影响农户流转行为和合约选择的重要因素。通常而言，对农地收入依赖程度越高的农户，其对未来农地收入的预期越高，越倾向于产权的稳定性；农户的受教育程度高，一方面农户有更多的渠道获得更高的收入，另一方面有更多的方式保障收入的稳定性。因此，这里选取的指标包括村庄人均收入水平和村劳动力的受教育程度。预期人均收入水平高的地区，选择书面合约和长期合约的农户比例将更高；劳动力受教育程度高的地区，一方面平均收入水平更高，另一方面对于政策、法律等的认知水平更高，选择书面合约和长期合约的农户比例将更高。第三，农地流转市场发展情况。

流转市场的发展不仅体现在流转农地的数量，还体现在农地转入户与转出户的数量关系。结合已有研究看，转入户与转出户数量的变化，一方面会影响农户选择农地承接对象的范围，另一方面存在"羊群效应"影响农户的合约选择行为。这里选取劳动力外出务工比例和人口的老龄化程度指标以控制流转农地的面积和潜在承接对象数量，选择村庄宗族最大姓的人口数量占比以控制亲友、熟人之间流转情况。预期劳动力外出务工比例和人口的老龄化程度越高的地区，选择书面、长期合约的比例越高；村庄宗族最大姓的人口数量占比越大，选择口头合约的比例越高。第四，行政与政策干预。从当前农地政策干预来看，主要有保障农户承包权的稳定与鼓励农户流转农地两个方向，对农户的影响一方面稳定了农户对农地未来收益的预期，另一方面相关的补贴会直接影响农地流转的租金收入，因此选取农地是否确权，农地流转是否需要村委组织或协调，农地流转是否有补贴三个指标。农地确权后，农户选择口头合约将农地流转给亲朋好友，或选择短期流转，以保障农地权益稳定的需求降低；农地流转需要通过村委组织或协调的村庄，往往会大面积、集中连片的流转，这种形式的流转通常会选择书面、长期的流转；农地流转有补贴的村庄，书面合约会被作为补贴发放的凭证，农户为了获得补贴会更倾向于签订书面合约。

　　本章重点关注的参数是β_1与β_2，即关键解释变量合约约束力YSL_i对农地流转书面合约面积占比XS_i、长期合约面积占比QX_i的影响。预期在式（6-1）中$\beta_1 > 0$，表明在控制其他条件下，合约约束力与流转市场中签订书面合约流转的农地比例存在正向关系，即合约约束力越强的区域，流转市场中书面合约的农地面积占比越高。预期在式（6-2）中$\beta_2 > 0$，表明在控制其他条件下，合约约束力与流转市场中长期合约流转的农地比例存在正向关系，即在合约约束力越强的区域，流转市场中长期合约的农地面积占比越高。

二、变量赋值

　　本章采用的数据来源于课题组 2018 年开展的"粮食规模化生产情况"调查。在多阶段抽样调查时，在地域分布、经济水平、农业发展差异明显的 4 个样本省，每省内随机选择 4 个市（县），每市（县）内随机选择 2 个镇

（乡），每镇（乡）内随机选择 2 个村的 32 个农户，调查的样本涵盖 128 村的 1033 个农户。调查问卷主要分为农户问卷和村庄问卷两部分，其中，农户问卷的主要调查内容包括家庭人口及就业信息、户主非农就业经验、收入与支出信息、家庭农业经营基本情况、农地流转情况及合约信息、地块投入产出信息、农业生产投资情况、自然灾害与保险购买情况、社会资本与信贷、时间偏好实验。村庄问卷调查对象为村干部（如村主任、村支书、会计），调查内容主要包括村庄土地特征、人口与经济特征、农业生产与农业保险情况、土地承包与确权情况、农地流转与纠纷情况、宗族关系与人情、农业规模经营情况、自然灾害。本章的实证分析用到的数据主要包括村庄人口及农地资源信息、经济发展水平和劳动就业情况、农地流转市场发展及合约选择情况、合约约束力、农业政策五方面的信息。

在问卷调查中，计量经济模型选择变量的测度方式和问卷中问题的设定介绍如下。第一，被解释变量，包括农地流转合约中书面合约面积占比和长期合约面积占比。村级层面的书面合约面积占比变量用"村农地流转中签订书面合约的农地面积占流转总面积的比例"测度，问卷中针对农户样本询问了"转入农地的当前合约形式：书面合约＝1；口头合约＝0"，然后进一步统计和计算村庄层面调查到农户转入地块中选择 1（书面合约）的面积占比；长期合约面积占比用变量"村农地流转约定期限在 3 年及以上的农地面积占流转总面的比例"测度，问卷中针对农户样本询问了"转入农地当前约定的期限是多少年"，然后进一步统计和计算村庄层面调查到农户转入地块中期限在 3 年及以上地块的面积占比。第二，关键解释变量为合约约束力，参照前文选择村庄合约执行率和纠纷解决率两个角度分别测度。问卷中针对村干部在村庄层面询问了"2005 年以来本村平均每年纠纷有多少件""全部纠纷中已经解决多少件""村内流转农地的农户数量有多少"，其中合约执行率用"（1-农地纠纷总件数/村农户总数量）×100"表示，纠纷解决率用全部纠纷中已经解决的数量与农地纠纷总件数的比值表示。第三，主要的控制变量的调查与测度方式：户均耕地面积用问卷中"村家庭承包农地总面积"与"村内总的农户数量"的比值测度；地形特征用问卷中"村的地形特征（平原＝1；丘陵＝2；山地＝3）"设置地形虚拟变量；区位条件用问卷中"村委会离乡镇政府距离"测度；村人均收入用问卷中"本村年人均纯收入"测度；受教育水平用问卷中"初中学历劳动力占比（18 岁以上有劳动能力）"测度；村外出务工比例用问卷中"本村劳动力在县外就业的比例"测度；老龄化程度用问卷中"村人口中 60 岁以上人口比例"测度；农地是否确权用问卷中"土地确权进展（未确权＝1；量地＝2；公示＝3；颁证＝4）"测度，选择 3 或 4 的表示已确权；流转协调用问卷中"村内土地流转是否必须经过村集体组织或协调？（是＝1；否＝0）"测度；农地流转补贴用问卷中"政府对土地流转有没有补贴？（有＝1；没有＝0）"测度；宗族情况用问卷中"村内最大姓的农户数量占比"测度。另外，为控制地区的差异，在模型中还设定了省份地区虚拟变量。

本章实证模型选取变量赋值及描述性统计如表 6-1 所示。

表 6-1 变量赋值与描述性统计分析

变量名称	变量赋值	均值	标准差	最小值	最大值
书面合约面积占比	村耕地流转中签订书面合约的耕地面积占比，单位:%	38.80	35.76	0	99.80
长期合约面积占比	村耕地流转中长期（3 年及以上）合约面积占比，单位:%	37.29	33.88	0	100
合约执行率	(1-农地纠纷总件数/村农户总数量)×100%，单位:%	90.62	15.84	14.30	100
纠纷解决率	全部纠纷中已经解决的件数/农地纠纷总件数×100%，单位:%	55.64	33.61	0	100
村人均收入	村年人均纯收入，单位：元	10 562	7199	1200	38 000
村外出务工比例	本村劳动力在县外就业的比例，单位:%	40.05	25.98	1	100
老龄化程度	村人口中 60 岁以上人口比例，单位:%	25.08	9.63	8.10	65
受教育水平	初中学历的劳动者占比，单位:%	49.87	19.51	2	96
户均耕地面积	村耕地承包总面积/总户数，单位:亩/户	6.96	8.49	0.50	42.50
是否确权	村耕地是否确权，是＝1，否＝0	0.87	0.34	0	1

续表

变量名称		变量赋值	均值	标准差	最小值	最大值
流转协调		耕地流转是否需要村组织或协调，是=1，否=0	0.31	0.46	0	1
流转补贴		是否有耕地流转补贴，是=1，否=0	0.20	0.40	0	1
宗族情况		村内最大姓的农户数量占比，单位：%	35.30	22.03	2.90	98
区位条件		到县政府的距离，单位：公里	4.84	5.07	0	45
纠纷仲裁文件		近三年县乡有没有下发过关于土地纠纷仲裁的红头文件，有=1，没有=0	0.28	0.45	0	1
纠纷仲裁会议		近三年县乡有没有专门组织过关于土地纠纷仲裁的会议，有=1，没有=0	0.39	0.49	0	1
地形特征	丘陵	丘陵=1，其他=0	0.55	0.50	0	1
	山地	山地=1，其他=0	0.03	0.18	0	1

数据来源：作者根据课题组"粮食规模化生产情况"调查数据统计整理。

三、变量的描述性统计

表6-2分别统计了黑龙江、河南、浙江和四川4省样本村庄农地流转市场中书面合约与长期合约面积占比。统计数据表明，流转市场仍然呈现口头和短期化的特征，具体而言选择书面合约的面积占比仅为38.8%，流转期限在3年及以上的农地面积占比约为37.3%。

表6-2 样本村庄农地流转合约结构统计

省份	农地流转合约类型	
	书面合约面积占比（%）	长期合约面积占比（%）
黑龙江	51.1	18.2

省份	农地流转合约类型	
	书面合约面积占比（%）	长期合约面积占比（%）
河南	50.2	55.7
浙江	57.9	62.4
四川	21.6	27.8
总体	38.3	37.3

数据来源：作者根据课题组"粮食规模化生产情况"调查数据统计整理。

　　值得注意的是，农地流转合约结构的省份差异十分明显。从书面合约面积占比来看，选择签订书面合约的农地占比由高到低依次为浙江、黑龙江、河南、四川，其中，调查样本中，黑龙江、河南、浙江的样本村庄书面合约流转面积占比均超过50%，而四川的该比例仅为21.6%，书面化比例最高的浙江是其2.68倍；从长期合约面积占比来看，选择长期合约（3年及以上）的农地占比由高到低依次为浙江、河南、四川、黑龙江，其中，调查样本中，浙江省的样本村庄流转期限在3年及以上的农地面积比例为62.4%，分别是黑龙江、四川、河南的3.42倍、2.25倍、1.12倍。两者结合来看，4省的农地流转呈现不同特征：浙江省与河南省村庄样本的农地流转合约呈现书面化和长期化特征，即流转市场发展选择书面合约的农地面积比例较高，且长期合约的面积比例也较高；黑龙江省村庄样本的农地流转合约呈现书面化、短期化特征，即尽管流转市场发展选择书面合约的农地面积比例较高，但长期合约的面积比例却较低，表现为短期化的特点；四川省村庄样本的农地流转合约呈现口头化、短期化特征，即流转市场发展选择书面合约的农地面积比例较低，选择长期合约的农地面积比例也较低，表现为口头和短期化的特点。

　　表6-3分别从村庄合约执行率和纠纷解决率统计了黑龙江、河南、浙江和四川4省样本村庄的农地流转合约约束力情况。统计数据显示，所有样本村庄的合约执行率的均值为90.6%，纠纷解决率的均值为55.6%，即每百户发生的纠纷数量为9.05件，其中有60.95%的纠纷能够被解决，结合问卷来

看，解决的方式主要有自行调解、村委会调解、乡镇调解、仲裁调解或裁决、通过法院解决等途径。

表 6-3　样本地区农地流转合约约束力情况统计

省份	合约约束力	
	合约执行率（%）	纠纷解决率（%）
黑龙江	82.9	58.3
河南	98.2	71.8
浙江	94.1	73.6
四川	88.6	40.1
总体	90.6	55.6

数据来源：作者根据课题组"粮食规模化生产情况"调查数据统计整理。

从省份之间的比较来看，合约执行率由高到低依次为河南、浙江、四川、黑龙江，而纠纷解决率由高到低依次为浙江、河南、黑龙江、四川，其中，合约执行率最低的黑龙江，每百户发生的纠纷数量分别是河南、浙江的 9.5 倍、2.9 倍；纠纷解决率最低的四川，纠纷解决的比例仅为浙江的 54.5%。两者结合来看，河南和浙江呈现的特点是"高合约执行率与高纠纷解决率"，而黑龙江和四川呈现的特点是"低合约执行率与低纠纷解决率"，与前文流转市场的农地流转合约特征有相似的趋势。

下面对本村庄合约约束力与流转市场合约结构进行关联性检验。根据上文测度合约约束力的代理变量指标，分别分组统计村庄农地流转书面合约与长期合约面积占比，并进行 t 检验，结果如表 6-4 所示。考虑到地区之间的自然禀赋、经济发展等条件差异明显，可能带来省份之间合约结构的系统性差异，分组时将通过比较村庄与所在省份的该指标均值的大小，将村样本分为高于省均值组和低于省均值组，然后统计和检验不同样本组的书面合约与长期合约面积占比的差异。

表6-4　样本村庄的合约约束力与流转市场合约选择情况统计

变量		书面合约面积占比（%）	长期合约面积占比（%）
整体样本		38.8	37.3
按合约执行率分组	低于本省中值组	32.0	29.2
	高于本省中值组	42.0	41.1
	t检验	−1.88*	−1.87*
按纠纷解决率分组	低于本省中值组	32.9	29.2
	高于本省中值组	42.2	42.0
	t检验	−1.93*	−2.09**

数据来源：作者根据课题组"粮食规模化生产情况"调查数据统计整理。

结果显示，第一，按合约执行率分组时，低合约执行率组的流转市场中书面合约面积占比和长期合约面积占比均显著低于高合约执行率组。具体来看，低合约执行率组村庄样本的书面合约面积占比为32.0%，长期合约面积占比为29.2%，分别比高合约执行率组的占比低10.0%和11.9%，且两者差异性的t检验值分别为−1.88和−1.87，在10%的统计水平显著，表明按合约执行率分组的村庄样本的书面合约面积占比和长期合约面积占比存在显著性差异。第二，按纠纷解决率分组时，低纠纷解决率组的流转市场中书面合约面积占比和长期合约面积占比均显著低于高纠纷解决率组，且分别在10%和5%的统计水平显著。具体来看，低纠纷解决率组村庄样本的书面合约面积为32.9%，长期合约面积占比为29.2%，分别低于高纠纷解决率组9.3%和12.8%，且两者差异性的t检验值分别为−1.93和−2.09，分别在10%和5%的统计水平显著，表明按纠纷解决率分组的村庄样本的书面合约面积占比和长期合约面积占比存在显著性差异。

综合以上合约约束力的两个测度指标及其影响来看，其对农地流转市场中的书面合约与长期合约面积占比的影响方向是一致的，而更准确的关系有待实证分析的进一步检验。

第二节 实证分析结果与讨论

一、合约约束力对农地流转市场书面合约面积占比的影响

表6-5汇报了合约约束力对农地流转市场中书面合约面积占比影响的计量经济模型估计结果，其中，模型（6-1）为选择合约执行率作为合约约束力的代理变量的模型估计结果，模型（6-2）为选择纠纷解决率作为合约约束力的代理变量的模型估计结果。以上模型均采用最小二乘法的稳健性估计。结果显示：模型的拟合优度 F 检验统计值分别为 5.141 和 4.883，均达到了 1% 的统计显著水平；模型回归的 R-squared 值分别为 0.312 和 0.294，表明模型的整体拟合程度较好，且模型对被解释变量的解释程度较高。

表6-5 合约约束力对农地流转市场书面合约面积占比影响的实证结果

变量名称	模型（6-1）	模型（6-2）
合约执行率	0.388^{***}	—
	（0.007）	—
纠纷解决率	—	0.066^{*}
	—	（0.051）
村人均收入	0.001^{**}	0.001^{*}
	（0.032）	（0.052）
村外出务工比例	-0.102	-0.093
	（0.496）	（0.543）
老龄化程度	0.485	0.449
	（0.141）	（0.178）

续表

变量名称	模型（6-1）	模型（6-2）
受教育水平	0.132	0.158
	（0.400）	（0.318）
户均耕地面积	-0.238	-0.578
	（0.735）	（0.398）
是否确权	7.228**	8.800**
	（0.042）	（0.033）
流转协调	-6.252	-5.208
	（0.355）	（0.445）
流转补贴	-2.359	-0.047
	（0.775）	（0.995）
宗族情况	-0.165	-0.177
	（0.277）	（0.252）
区位条件	-0.938**	-0.981**
	（0.017）	（0.018）
地形特征（丘陵）	5.971	5.709
	（0.602）	（0.625）
地形特征（山地）	8.248	3.942
	（0.651）	（0.829）
地区虚拟变量	控制	控制
常数项	-6.173	29.970
	（0.842）	（0.198）
观测值	128	128

变量名称	模型（6-1）	模型（6-2）
R-squared	0.312	0.294
拟合优度 F 检验统计值	5.141	4.883

注：*、**和***分别表示在10%、5%和1%的水平上显著，括号内数字为估计系数统计检验的 p 值。

数据来源：作者根据课题组"粮食规模化生产情况"调查数据统计整理。

模型（6-1）的估计结果显示：合约执行率与流转市场中书面合约面积占比呈正向相关，即合约执行率越高的地区，流转市场中签订书面合约的农地面积占比越高，表明合约约束力越强，流转市场中农户选择签订书面合约的可能性越高。具体来看，当区域的合约执行率提高1%时，流转市场中签订书面合约的农地面积占比将提高 0.388%，且该参数估计在 1%的统计水平上显著。模型（6-2）的估计结果显示：纠纷解决率与流转市场中书面合约面积占比呈正向相关，即纠纷解决率越高的地区，流转市场中签订书面合约的农地面积占比越高，表明合约约束力越强，流转市场中农户选择签订书面合约的可能性越高。具体来看，当区域的纠纷解决率提高1%时，流转市场中签订书面合约的农地面积占比将提高 0.066%，且该参数估计在 10%的统计水平上显著。综合来看，无论是选择合约执行率还是纠纷解决率作为合约约束力的代理变量，合约约束力越强的地区，都能证明农地流转市场中书面合约面积占比更高，以上分析结论验证了本书的研究假说二。

从控制变量来看，变量"村人均收入"系数为正，且均在 10%以上的统计水平上显著，表明与人均收入水平低的村庄相比，人均收入水平高的村庄的农地流转签订书面合约面积占比更高；变量"老龄化程度"系数为正，且在模型（6-1）中在 10%的统计水平显著，表明老龄化程度越高的地区，农地流转市场中签订书面合约面积占比越大；变量"是否确权"系数为正，且均在 5%的统计水平上显著，表明与未完成耕地确权的地区相比，耕地已确权的村庄的流转市场中签订书面合约面积占比越高；变量"区位条件"系数为负，且均在 5%的统计水平上显著，表明距离区域行政中心越远的村庄，耕地流转市场中签订书面合约面积占比越小，可能的原因一方面是与行政中心的空间距离影响了政策传达、行政监管的效果，另一方面是距离行政中心较远的村庄缺少外来的耕地转入户，导致农地流转签订书面合约面积占比较低。以上变量的参数估计结果与理论分析预期一致。除此之外，尽管部分控制变量的参数估计结果统计上并不显著，如"村外出务工比例""受教育水平""流转补贴""宗族情况""地形特征（山地）"等，但其参数的符号与理论预期是相符的。

二、合约约束力对农地流转市场长期合约面积占比的影响

表6-6汇报了合约约束力对农地流转市场中长期合约面积占比影响的计量经济模型估计结果，其中，模型（6-3）为选择合约执行率作为合约约束力代理变量的模型估计结果，模型（6-4）为选择纠纷解决率作为合约约束力代理变量的模型估计结果。以上模型均采用最小二乘法的稳健性估计，估计结果显示，模型的拟合优度F检验统计值分别为7.014和7.336，均达到了1%的统计显著水平；模型回归的R-squared值分别为0.338和0.328，表明模型的整体拟合程度较好，而且解释变量对被解释变量的解释程度较高。

表6-6 合约约束力对农地流转市场长期合约面积占比影响的实证结果

变量名称	模型（6-3）	模型（6-4）
合约执行率	0.384***	—
	(0.009)	—
纠纷解决率	—	0.138**
	—	(0.014)
村人均收入	0.001	0.001
	(0.186)	(0.294)
村外出务工比例	-0.020	0.002
	(0.898)	(0.992)

续表

变量名称	模型（6-3）	模型（6-4）
老龄化程度	0.496*	0.447
	(0.086)	(0.132)
受教育水平	0.158	0.172
	(0.272)	(0.251)
户均耕地面积	-0.327	-0.634
	(0.538)	(0.162)
是否确权	2.825*	3.672*
	(0.072)	(0.066)
流转协调	-8.748	-8.024
	(0.177)	(0.215)
流转补贴	-3.266	-1.151
	(0.688)	(0.888)
宗族情况	-0.108	-0.131
	(0.466)	(0.379)
区位条件	-0.434*	-0.428*
	(0.062)	(0.066)
地形特征（丘陵）	-6.760	-7.969
	(0.397)	(0.319)
地形特征（山地）	3.509	0.636
	(0.760)	(0.936)
地区虚拟变量	控制	控制

续表

变量名称	模型（6-3）	模型（6-4）
常数项	−30.539	2.065
	(0.208)	(0.907)
观测值	128	128
R-squared	0.338	0.328
拟合优度 F 检验统计值	7.014	7.336

注：*、**和***分别表示在10%、5%和1%的水平上显著，括号内数字为估计系数统计检验的 p 值。

数据来源：作者根据课题组"粮食规模化生产情况"调查数据的统计整理。

模型（6-3）的估计结果显示：合约执行率与流转市场中的长期合约面积占比呈正向相关，即合约执行率越高的地区，流转市场中长期合约的农地面积占比越高，表明合约约束力越强，流转市场中农户选择长期合约的可能性越高。具体来看，当区域的合约执行率提高1%时，流转市场中合约期限超过3年的农地面积占比将提高0.384%，且该参数估计在1%的统计水平上显著。模型（6-4）的估计结果显示：纠纷解决率与流转市场中长期合约农地的面积占比呈正向相关，即纠纷解决率越高的地区，流转市场中长期合约的农地面积占比越高，表明合约约束力越强，流转市场中农户选择长期合约的可能性越高。具体来看，当区域的纠纷解决率提高1%时，流转市场中合约期限超过3年的农地面积占比将提高0.138%，且该参数估计在5%的统计水平上显著。综合来看，无论是选择合约执行率还是纠纷解决率作为合约约束力的代理变量，都能证明合约约束力越强的区域农地流转市场中长期合约的农地面积占比越高，以上分析结论验证了本书研究假说二。

从控制变量来看，变量"老龄化程度"系数为正，模型（6-3）中在10%的统计水平上显著，模型（6-4）中在5%的统计水平上显著，表明老龄化程度越高的村庄，流转市场中选择长期合约的面积占比越大；变量"是否确权"系数为正，且均在10%的统计水平显著，表明与未完成耕地确权的地区相比，耕地已确权的村庄的流转市场中选择长期合约的面积占比越高；变量"区位条件"系数为负，且均在 10% 的统计水平显著，表明与县政府空间距离越远的村庄，流转市场中选择长期合约的面积占比越低。以上变量的参数估计结果与理论分析预期一致。值得注意的是变量"户均耕地面积"系数为负且不显著，主要原因是户均耕地数量较多的地区，耕地对于家庭收入影响更大，农户转出时会更谨慎，即便是选择流转，短期转出、一年一包的可能性更大。除此之外，尽管部分控制变量的参数估计结果统计上并不显著，如"村外出务工占比""受教育水平""流转补贴""宗族情况""地形特征"等控制变量，但其参数的符号与理论预期是相符的。

以上计量经济模型的分析结果显示：无论是选择合约执行率还是纠纷解决率作为合约约束力的代理变量，都能证明合约约束力越强的村庄的农地流转中书面合约和长期合约流转的农地面积比例越高，表明合约约束力是影响流转市场农户合约选择的重要因素。合约约束力较强的村庄，农户更倾向选择书面合约和长期合约；但是，当合约约束力不足时，农户倾向于选择口头合约，将农地流转给亲朋好友，且较常见的是短期流转。值得注意的是，模型中的关键的解释变量合约约束力 YSL_i 理论上是内生变量，可能导致计量经济分析的内生性问题和参数估计偏误，下文将进一步对模型分析结果进行稳健性检验。

三、稳健性分析

为检验和处理模型的内生性问题，本文选择"过去三年，县乡有没有下发过关于土地纠纷仲裁的红头文件"与"过去三年，县乡有没有专门组织过土地纠纷仲裁的会议"作为合约约束力的工具变量。这两个变量符合选择工具变量的两个必要条件：一方面能够直接影响农户农地中的合约执行与纠纷解决行为，会显著地影响合约约束力；另一方面，关于土地纠纷仲裁的红头文件或会议，往往属县乡及以上级别的行政部门制定或组织，具有较好的外生性。以下将分别汇报选择合约执行率与纠纷解决率作为合约约束力代理变量的模型内生性问题。

针对选择合约执行率作为代理变量分析合约约束力对流转市场书面合约面积占比影响的模型，OLS 估计量和 IV-OLS 估计量的 Hausman 检验的卡方统计量为 24.09，在 10% 的统计水平上拒绝了不存在内生性的原假设，表明两套估计量存在系统性差异，模型中合约执行率作为合约约束力的代理变量存在内生性问题，该结论可推论至其他投资模型中。表 6-7 中分别汇报了工具变量处理模型内生性的估计结果，其中，模型（6-5）和模型（6-6）分别汇报了选择合约执行率和纠纷解决率作为代理变量分析合约约束力对流转市场书面合约面积占比影响模型的工具变量处理结果；模型（6-7）和模型（6-8）分别汇报了选择合约执行率和纠纷解决率作为代理变量分析合约约束力对流转市场长期合约面积占比影响模型的工具变量处理结果。以上模型中工具变量均通过了内生性与过度识别检验。

表 6-7　合约约束力对农地流转市场合约结构的影响（工具变量）

变量名称	书面合约面积占比		长期合约面积占比	
	模型（6-5）	模型（6-6）	模型（6-7）	模型（6-8）
合约执行率	0.888**	—	0.740*	—
	(0.031)	—	(0.056)	—
纠纷解决率	—	0.375**	—	0.371*
	—	(0.039)	—	(0.077)
村人均收入	0.001**	0.001**	0.001**	0.001*
	(0.019)	(0.045)	(0.016)	(0.053)
村外出务工比例	-0.099	-0.040	-0.018	0.041
	(0.486)	(0.807)	(0.892)	(0.783)
老龄化程度	0.517	0.393	0.519*	0.405
	(0.103)	(0.235)	(0.075)	(0.179)
受教育水平	0.084	0.108	0.124	0.134
	(0.618)	(0.521)	(0.426)	(0.382)

续表

变量名称	书面合约面积占比		长期合约面积占比	
	模型（6-5）	模型（6-6）	模型（6-7）	模型（6-8）
户均耕地面积	-0.162	-0.461**	-0.044	-0.550*
	(0.172)	(0.048)	(0.162)	(0.073)
是否确权	4.375*	5.772*	0.797**	1.384***
	(0.065)	(0.051)	(0.029)	(0.009)
流转协调	-7.959	-6.529	-9.961	-9.021
	(0.259)	(0.340)	(0.124)	(0.148)
流转补贴	-5.542	-0.792	-5.528	-1.714
	(0.561)	(0.922)	(0.528)	(0.815)
宗族情况	-0.162	-0.224	-0.106	-0.167
	(0.260)	(0.169)	(0.422)	(0.262)
区位条件	-0.826	-0.773	-0.355	-0.272
	(0.177)	(0.246)	(0.528)	(0.655)
地形特征（丘陵）	5.201	1.657	-7.307	-11.030
	(0.635)	(0.896)	(0.469)	(0.338)
地形特征（山地）	15.416	9.870	8.604	5.114
	(0.466)	(0.614)	(0.659)	(0.774)
地区虚拟变量	控制	控制	控制	控制
常数项	-56.459	16.381	-66.280	-8.200
	(0.531)	(0.577)	(0.424)	(0.759)
观测值	128	128	128	128
R-squared	0.277	0.232	0.318	0.289

续表

变量名称	书面合约面积占比		长期合约面积占比	
	模型（6-5）	模型（6-6）	模型（6-7）	模型（6-8）
拟合优度 F 检验统计值	4.848	4.668	5.749	5.119

注：*、**和***分别表示在10%、5%和1%的水平上显著，括号内数字为估计系数统计检验的 p 值。

数据来源：作者根据课题组"粮食规模化生产情况"调查数据统计整理。

模型（6-5）和模型（6-6）的估计结果显示：合约执行率和纠纷解决率均与流转市场中书面合约流转面积占比呈正向关系，表明合约约束力越强，流转市场中农户选择书面合约的可能性越高。具体来看，当区域的合约执行率或纠纷解决率提高1%时，流转市场中签订书面合约的面积占比将分别提高0.888%和0.375%，且参数估计均在5%的统计水平上显著。模型（6-7）和模型（6-8）的估计结果显示：合约执行率和纠纷解决率均与流转市场中的长期合约流转的面积占比呈正向关系，表明合约约束力越强，流转市场中农户选择长期合约的可能性越高。具体来看，当区域的合约执行率或纠纷解决率提高1%时，流转市场中签订书面合约的面积占比将分别提高0.740%和0.371%，且参数估计均在10%的统计水平上显著。

综合以上分析可知，无论是选择合约执行率还是纠纷解决率作为合约约束力的代理变量，都能证明合约约束力越强的村庄的流转市场中书面合约和长期合约流转的农地面积比例越高，表明合约约束力是影响农地流转市场农户合约选择的重要因素。利用工具变量处理模型内生性问题后的分析结果与前文对应各投资的影响方向完全相同，进一步验证了本书的研究假说二。

第三节　合约约束力对农地流转市场的资源配置建议

前文通过理论分析与实证检验了不同合约约束力条件下，农地流转市场中书面合约与长期合约面积占比的差异。由于不同类型与期限合约背后的转入户可能存在异质性（钟文晶等，2014；陈奕山，2017），即转入户的劳动资本、农业生产经营能力、农业技术采用、农机持有等方面存在差异，将关系到流转市场中农地利用方式和租金率，从而影响流转市场的资源配置效率（刘守英等，2021），因此，下文将比较不同类型与期限合约的转入户特征及农业生产方式的差异，并进一步检验合约约束力对流转租金的影响，进而对流转市场资源配置提出建议。

一、选择不同类型与期限合约的转入户的特征差异比较

为比较采用不同合约转入农地的农户的异质性，本研究选择了"户主教育程度""户主自评健康状况""户主非农务工经历""家庭劳动力数量""经营耕地面积""是否关注经济/金融方面的信息""去年收获粮食数量"一组能够反映农户特征的变量，并根据农户转入地合约的类型与期限分组统计。（见表6-8）

如表6-8所示，选择不同类型与期限合约的农地转入户的特征存在明显差异。具体而言：选择书面合约的转入农地的农户中，有65%的农户的户主受教育程度高于所有农户户主的受教育程度的平均值，这一比例较口头合约转入农地的农户高15%；有63%的户主自评健康状况优于一般人，这一比例较口头合约转入农户高11%。选择长期合约的转入农地的农户，这两项比例分别比选择短期合约转入农地的农户高7%和1%。同时，结合与农业经营能力相关的特征来看，选择书面合约的转入户中有41%和26%的农户的经营面积和粮食产量超过县（乡）农户均值的2倍，分别比口头合约转入农地的农户高31%和17%；选择长期合约的转入农地的农户，这两项比例分别比选择短期合约转入农地的农户高7%和5%。

表6-8　不同类型与期限合约的转入户的特征差异比较

农户特征变量	合约类型		合约期限	
	口头合约	书面合约	短期合约	长期合约
户主教育程度高于农户均值	0.50	0.65	0.52	0.59
户主自评健康状况好于一般人	0.52	0.63	0.55	0.56

农户特征变量	合约类型		合约期限	
	口头合约	书面合约	短期合约	长期合约
户主有非农务工经历	0.47	0.45	0.42	0.50
家庭劳动力数量超过农户均值	0.28	0.39	0.36	0.28
经营耕地面积超过本县农户均值2倍	0.10	0.41	0.16	0.23
平时关注经济/金融方面的信息	0.10	0.14	0.10	0.13
去年收获粮食超过本县户均2倍	0.09	0.26	0.12	0.17

数据来源：作者根据课题组"粮食规模化生产情况"调查数据统计整理。

以上数据的对比充分表明：流转市场中选择书面合约与长期合约的耕地转入户中，有更大比例的农户受教育程度高、健康状况好、经营规模大、经营能力强。进一步结合前文的研究结果分析可知，在合约约束力较差的区域，流转市场中农户选择书面合约和长期合约流转的农地面积比例越低，而这不利于农地资源配置给人力资本更高、经营能力更强的农户。

二、不同类型与期限合约的转入户的生产行为差异比较

为进一步比较采用不同合约转入农地的农户生产行为的异质性，本研究选择了"转入耕地的租金""转入后是否有基础设施投资""转入后购买单价超过1万元的机械""是否参加过农业技术培训""是否购买农业保险""种植主要作物的单产是否超过本县均值"一系列能够大致反映农户生产行为特征的变量，并根据农户转入地的合约类型与期限分组统计。（见表6-9）

如表6-9所示，选择不同类型与期限合约的转入户的农业生产行为存在明显差异。具体而言：选择书面合约的转入户中，有32%的农户有农业基础设施投资，有46%的农户购买了单价超过1万元的农业机械，投资比例分别是口头合约的转入户的2.46倍和2.56倍，参加农业技术培训和购买农业保险的比例，也均高于选择口头合约的转入户。选择长期合约的转入户中，有

24%的农户有农业基础设施投资，有 29%的农户购买了单价超过 1 万元的农业机械，分别比选择短期合约的转入户高 10%和 5%，参加农业技术培训和购买农业保险的比例，也均高于选择短期合约的转入户。

表 6-9　不同类型与期限合约的转入户的生产行为差异比较

生产行为	合约类型		合约期限	
	口头合约	书面合约	短期合约	长期合约
租金高于本县均值	0.25	0.53	0.29	0.38
转入后有基础设施投资	0.13	0.32	0.14	0.24
转入后购买单价超过 1 万元的机械	0.18	0.46	0.24	0.29
参加过农业技术培训	0.46	0.66	0.52	0.53
有购买农业保险	0.59	0.64	0.58	0.63
单产超过本县均值	0.79	0.66	0.70	0.79

数据来源：作者根据课题组"粮食规模化生产情况"调查数据统计整理。

以上数据的对比充分表明流转市场中选择书面合约与长期合约的转入户中，有更大比例的农户进行农业生产投资和技术学习。另外，从体现农业生产经营能力的综合指标"耕地租金"来看，选择书面合约和长期合约的转入户，支付高于区域农地流转租金水平的比例更高，从侧面反映了其具有更高的生产经营效率。结合前文结果分析可知，在合约约束力较差的区域，流转市场中农户选择书面合约和长期合约流转的农地面积比例越低，而这不利于转入户的农业生产投资，也不利于农地资源向农业生产效率更高的农户配置。

三、不同合约约束力条件下农地流转租金的差异检验

农业经济理论一般认为，农地租金由农地价值决定，是转入者经营"超额利润"的转换形式。资源的稀缺性与有用性是价值的来源，而明晰的产权及其排他性是资源交易价格形成的基础，因而产权理论强调"所有定价问题都是产权问题"（Alchian，1965）。在产权明晰与稳定的前提下，市场可以通

过价格机制的有效运行实现资源优化配置（Luenberger，1995；Kreps，2013）。自改革开放以来，划定产权、明晰边界、稳定经营成为中国农业政策的重要目标，20 世纪 80 年代的家庭联产承包责任制赋予了农民准私有的"生不增、死不减"的农地承包经营权；2009 年启动的农村土地承包经营权的确权登记颁证，进一步强化了农民拥有农地产权，也被视为维护地权稳定与产权安全最为重要的制度安排（耿鹏鹏等，2022）。一直以来，理论与政策研究的重点聚焦于"赋权"，而对于产权的保障与执行的关注不足。要素市场化背景下农地流转合约缺乏有效约束，导致违约、"跑路"毁约等现象频发，讨论农地流转合约约束力对流转租金的影响及其内在机制，有助于认识合约约束力对流转市场资源配置的影响。

（一）计量经济模型设定

农地流转中的租金来源于经营者转入地块利用的"超额利润"，会受到地块特征、农户与区域特征等因素的影响（Guo et al.，2023），本节在地块层面构建模型并加入合约约束力变量，以检验合约约束力对农地流转地块租金的影响，模型设定如下：

$$P\_rent_{ij} = \alpha_0 + \alpha_1 YSL_j + \alpha_2 Plot_{ij} + \gamma X_i + \xi_{ij} \tag{6-3}$$

式（6-3）中，P_rent_{ij} 表示农户 i 转入的地块 j 的租金绝对量（物质租金转换为货币租金），YSL_j 表示农户 i 所在地区的农地流转合约约束力。关于合约约束力的测度，由于农地流转合约的履约行为可以分为双方当事人按照约定内容完全执行和违约时按照违约权责追责两种情况，合约约束力的强弱可以体现在合约履行情况和纠纷解决情况两方面，因而分别选择了村层面的合约执行率 ZXL_i 和纠纷解决率 LYL_i 用于测度合约约束力。$Plot_{ij}$ 表示农户 i 转入地块 j 的地块基本特征，X_i 表示农户 i 的一系列特征变量，包括地块层面的地块面积、土壤质量，农户层面的户主特征、家庭劳动力数量、经营面积的信息；ξ_{ij} 为模型扰动项。

考虑到租金是流转市场中的农地价格，农地供给与需求关系、市场发育程度以及地区特征因素会影响流转市场的租金水平，进一步在村庄层面构建模型并加入合约约束力与农地市场发育程度的交叉项，以检验流转市场发育与合约约束力对农地租金的影响。计量经济模型设定如下：

$$Rent_k = \beta_0 + \beta_1 Transfer_k + \beta_2 YSL_k + \beta_3 Transfer_k \times YSL_k + \gamma X_k + \xi_k$$

$$(6\text{-}4)$$

式（6-4）中，$Rent_k$ 表示村庄 k 农地流转的租金水平，$Transfer_k$ 表示村庄 k 的农地流转比例，YSL_k 为村庄 k 的农地流转市场的合约约束力。X_k 表示村庄 k 的一系列特征变量，包括村庄层面的农地禀赋、自然特征、经济发展水平、非农就业比例、政策补贴、行政干预、农地确权；ξ_k 为模型扰动项。模型变量的赋值与描述性统计结果如表 6-10 所示。

表 6-10 变量赋值与描述性统计

变量名称	变量赋值	均值	标准差
地块租金	农户转入地块的租金，单位：元/亩	386.4	330.2
村租金水平	村种植粮食作物的农地流转平均租金，单位：元/亩	338.5	288.1
合约执行率	（1-农地纠纷总件数/村农户总数量）×100%，单位:%	90.62	15.85
纠纷解决率	已解决纠纷件数/农地纠纷总件数×100%，单位:%	55.64	33.61
农地流转率	流转农地面积占村农地总面积的比例，单位:%	42.87	23.27
地块面积	农户转入地块的面积，单位：亩	53.02	279.8
地块质量	农户转入地块的质量，好=1，中=2，差=3	1.69	0.62
农户经营面积	种植耕地面积，单位：亩	163	658.9
户主年龄	户主年龄，单位：岁	52.29	10.24
受教育程度	户主上了多少年学，单位：年	6.83	3.01
家庭劳动力数量	家庭从事农业生产的劳动力数量，单位：人	2.85	1.18
户主务农经验	户主从事了多少年的农业生产，单位：年	29.95	13.45
流转补贴	是否有耕地流转补贴，是=1，否=0	0.22	0.42
规模经营补贴	是否有农地规模经营补贴，是=1，否=0	0.38	0.49

续表

变量名称	变量赋值	均值	标准差
村耕地流转协调	耕地流转是否要村组织或协调，是＝1，否＝0	0.3	0.46
村区位条件	到县政府的距离，单位：公里	28.09	18.54
村非农就业比例	本村劳动力在县外就业的比例，单位:%	61.36	21.09
村人均收入水平	村年人均纯收入，单位：元/人	10529	7173
村户均地块数	平均每户地块数量，单位：块/户	5.33	3.13
村户均耕地面积	村耕地承包总面积/总户数，单位：亩/户	7.83	10.47
村老年人口占比	村人口中60岁以上人口比例，单位:%	25.08	9.63
村平地面积占比	村耕地中平地面积占比，单位:%	69.31	32.81
村地形特征	平原＝1，丘陵＝2，山区＝3	1.59	0.54

数据来源：作者根据课题组2015年和2018年开展的"粮食规模化生产情况"调查数据统计整理。

（二）计量经济模型结果与分析

1. 描述性分析

表6-11分别在地块层面和村庄层面统计了不同合约约束力的条件下农地流转租金并进行差异性检验。在分组比较中，分别按照合约执行率、纠纷解决率与其省中值的比较进行分组，即合约执行率（或纠纷解决率）高于省中值时划分为高执行率组（或高解决率组），其他划为低执行率组（或低解决率组）。从地块层面的分组统计来看，合约高执行率组和纠纷高解决率组地块平均租金分别为414.9元/亩、398.6元/亩，显著高于合约低执行率组和纠纷低解决率组地块的349.7元/亩和366.2元/亩，且在1%的统计水平上显著。同时，从村庄层面的分组统计来看，合约高执行率组和纠纷高解决率组村庄的农地流转平均租金分别为355.5元/亩、361.3元/亩，显著高于合约低执行率组和纠纷低解决率组村庄的321.5元/亩和315.7元/亩，且在5%及以上的统计水平上显著。以上比较显示，无论是地块层面，还是村庄层面，高合约约

束力条件下的农地流转租金显著高于低合约约束力组。

表6-11　不同合约约束力下农地租金的差异检验

农地租金	合约执行率分组			纠纷解决率分组		
	高执行率组	低执行率组	T检验值	高解决率组	低解决率组	T检验值
地块层面	414.9	349.7	3.67***	398.6	366.2	2.77***
村庄层面	355.5	321.5	2.34**	361.3	315.7	2.74***

注：**和***分别表示在5%和1%的统计水平上显著。

数据来源：作者根据课题组2015年和2018年开展的"粮食规模化生产情况"调查数据统计整理。

2. 合约约束力对农户转入地块租金影响的实证分析

表6-12中模型（6-9）与模型（6-10）分别选择合约执行率、纠纷解决率测度合约约束力对农户转入租金影响，模型参数采用最小二乘法的稳健性估计。考虑到区域之间由于经济水平、社会文化、法治环境等条件的差异，不同区域的合约执行率与纠纷解决率情况存在显著性差异，直接比较会导致结果存在较大偏差，故分别将合约执行率、纠纷解决率与其省中值相比转换为二元虚拟变量，分别对比合约高执行率组与低执行率组，以及纠纷高解决率组与低解决率组的农户转入地块租金的差异，从而进行稳健性检验，如表中模型（6-11）和模型（6-12）。总体来看，模型的拟合优度F检验统计量都较大，均达到了1%的显著性水平，且模型拟合结果的R-squared值均接近0.6，表明模型的整体拟合程度较好，且对被解释变量的解释程度较高。

结果显示，模型（6-9）中关键解释变量合约执行率的系数为1.660，即在控制地块与农户特征条件下，农地流转合约执行率提高1%，地块流转租金会上升1.66元/亩，且参数估计在1%的统计水平上显著，表明农地流转合约执行率的上升对地块租金具有正向促进作用；模型（6-10）中纠纷解决率的参数符号与显著水平也表明流转纠纷解决率的提升对地块租金具有正向促进作用。以上分析表明农地流转中合约约束力是影响农地流转租金的重要因素。同时，模型（6-11）中合约执行率虚拟变量的系数为44.326，即在控制地块与农户特征条件下，高合约执行率组的地块租金比低合约执行率组的租金高

44.326元/亩，且参数估计在1%的统计水平上显著，表明高合约执行率组地区的地块租金与低合约执行率组的地块租金存在显著差异；模型（6-12）中纠纷解决率虚拟变量的系数为18.228，且参数估计在5%的统计水平上显著，表明高纠纷解决率地区的地块租金显著高于低纠纷解决率地区的地块租金。这一结果与模型（6-9）和模型（6-10）的结论一致，充分表明农地市场合约约束力的提升能够显著提高农地流转中的地块租金。

表6-12　合约约束力对农户转入地块租金影响的实证分析结果

变量名称	合约约束力		合约约束力虚拟变量	
	模型（6-9）	模型（6-10）	模型（6-11）	模型（6-12）
合约执行率	1.660***	—	44.326***	—
	(6.515)	—	(4.012)	—
纠纷解决率	—	0.398***	—	18.228**
	—	(2.691)	—	(2.089)
地块面积	0.040*	0.040*	0.039*	0.038*
	(1.767)	(1.793)	(1.735)	(1.722)
地块质量-中（参照"好"）	−40.844***	−43.191***	−42.042***	−44.061***
	(−3.997)	(−4.208)	(−4.104)	(−4.285)
地块质量-差（参照"好"）	−93.590***	−94.943***	−89.858***	−90.716***
	(−5.134)	(−5.112)	(−4.888)	(−4.900)
农户经营面积	0.017	0.013	0.013	0.012
	(1.096)	(0.821)	(0.824)	(0.705)
户主年龄	1.533**	1.587**	1.618**	1.573**
	(2.124)	(2.184)	(2.233)	(2.153)

续表

变量名称	合约约束力		合约约束力虚拟变量	
	模型（6-9）	模型（6-10）	模型（6-11）	模型（6-12）
受教育程度	4.237**	4.215**	4.300**	3.986**
	(2.472)	(2.464)	(2.500)	(2.327)
家庭劳动力数量	-16.898***	-17.672***	-17.780***	-18.067***
	(-4.237)	(-4.429)	(-4.468)	(-4.571)
户主务农经验	-3.293***	-3.312***	-3.391***	-3.367***
	(-6.035)	(-6.056)	(-6.196)	(-6.091)
村农地流转率	2.564***	2.562***	2.775***	2.492***
	(8.976)	(8.980)	(9.394)	(8.718)
规模经营补贴	55.432***	59.805***	63.631***	54.733***
	(4.865)	(5.214)	(5.483)	(4.759)
村耕地流转协调	-50.215***	-48.805***	-51.502***	-45.706***
	(-4.101)	(-3.980)	(-4.107)	(-3.720)
村区位条件	0.826***	0.749***	0.715***	0.735***
	(2.943)	(2.692)	(2.615)	(2.631)
村户均面积	0.770	0.007	0.474	0.210
	(0.925)	(0.008)	(0.555)	(0.239)
村户均地块数	-4.050*	-4.482*	-3.460*	-4.284*
	(-1.841)	(-1.704)	(-1.822)	(-1.834)
村平地面积占比	0.981***	0.954***	0.915***	0.943***
	(5.786)	(5.696)	(5.361)	(5.591)

变量名称	合约约束力		合约约束力虚拟变量	
	模型（6-9）	模型（6-10）	模型（6-11）	模型（6-12）
村地形特征（丘陵）	-158.371***	-155.018***	-144.611***	-156.363***
	（-9.872）	（-9.625）	（-8.928）	（-9.720）
村地形特征（山地）	-113.380***	-95.277***	-84.325***	-106.925***
	（-3.967）	（-3.240）	（-2.815）	（-3.543）
地区虚拟变量	控制	控制	控制	控制
常数项	168.032***	311.614***	291.010***	354.246***
	（2.960）	（5.731）	（5.377）	（6.606）
观测值	2148	2148	2148	2148
R-squared	0.582	0.577	0.578	0.577
Prob>chi2	0.000	0.000	0.000	0.000
模型拟合优度 F 检验值	184.8	184.3	185.8	185.8

注：*、**和***分别表示在10%、5%和1%的统计水平上显著，括号中数据为参数估计的 t 值。

数据来源：作者根据课题组 2015 年和 2018 年开展的"粮食规模化生产情况"调查数据统计整理。

3. 农地流转市场发育、合约约束力对农地租金水平的影响

进一步结合村庄层面数据，分析农地流转市场发育、合约约束力对农地租金水平的影响，结果如表 6-13 所示。表中模型（6-13）和模型（6-15）分别选择合约执行率、纠纷解决率测度合约约束力，并采用最小二乘法的稳健性估计。考虑到合约约束力对不同流转市场农地租金水平影响的异质性，在模型（6-13）和模型（6-15）的基础上分别引入了农地流转率与合约约束力指标的交乘项，以考察在不同市场发育条件下合约约束力对区域农地租金水平影响的差异，参数估计结果分别如模型（6-14）和模型（6-16）所示。

总体来看，以上所有模型的拟合优度 F 检验统计量都较大，均达到了 1% 的显著性水平，表明所有模型的整体拟合程度较好；同时，模型 R-squared 均超过0.8，表明模型的整体拟合程度较好，且对被解释变量的解释程度较高。

结果显示，模型（6-13）和模型（6-15）中村农地流转率的系数均为正，且在 10% 及以上的统计水平上显著，表明农地流转率越高的村庄的农地流转租金水平越高，主要原因可能在于农地流转市场的发育一方面促进了农地交易的市场竞争，通过价格机制配置资源的"正式"交易成为主导，带来整体租金水平的提高；另一方面改善了农地的细碎化特征，有助于连片流转的形成以缓解资源禀赋对农地利用的制约，从而提高农地流转的租金水平。从合约约束力指标来看，模型（6-13）中合约执行率的系数为 1.478，即纠纷解决率每提升 1%，村庄流转农地的租金水平将分别提高 1.478 元/亩；模型（6-15）中纠纷解决率的系数为 1.067，即纠纷解决率每提升 1%，村庄流转农地的租金水平将分别提高 1.067 元/亩；且两项统计均在 5% 的水平统计显著。模型（6-13）和模型（6-15）的参数估计结果表明了合约约束力对流转市场农地租金水平有正向影响，原因在于良好的合约约束力有助于维护农地流转合约的稳定性：一方面，保障农地转入户投资受益的持续性，通过投资提升农业生产经营能力，从而具备更高的租金支付能力；另一方面，降低流转交易中的权益不确定性，规范农地流转市场合约交易，有助于更多农地流向经营能力与租金支付能力更强的经营主体，这将促进区域内农地流转租金水平的整体提升。

结合交互项模型考察不同农地流转市场下合约约束力对区域农地租金水平影响的差异，在模型（6-14）中农地流转率与合约执行率交乘项的系数为0.078，且在 5% 的统计水平上显著，表明在一定农地流转率条件下，合约执行率越高的村庄的农地流转租金水平越高。具体而言，在平均流转率处合约执行率每提升 1%，村庄流转农地的租金水平会提高 3.344 元/亩；同时，在模型（6-16）中农地流转率与纠纷解决率交乘项的系数为 0.031，且在 10%的统计水平上显著，表明在一定农地流转率条件下，纠纷解决率越高的村庄具有更高的农地规模经营水平。具体而言，在平均流转率处的纠纷解决率每提升 1%，村庄流转农地的租金水平会提高 1.329 元/亩。

表 6-13 农地流转市场发育、合约约束力对农地租金水平的影响

变量名称	控制合约执行率		控制纠纷解决率	
	模型（6-13）	模型（6-14）	模型（6-15）	模型（6-16）
合约执行率	1.478**	−1.312	—	—
	(2.357)	(−0.939)	—	—
农地流转率×合约执行率	—	0.078**	—	—
	—	(2.162)	—	—
纠纷解决率	—	—	1.067**	−0.321
	—	—	(2.289)	(−0.365)
农地流转率×纠纷解决率	—	—	—	0.031*
	—	—	—	(1.848)
村农地流转率	1.314*	−5.903*	1.436**	−0.198
	(1.833)	(−1.866)	(2.019)	(−0.154)
流转补贴	17.162	15.995	24.902	20.815
	(0.524)	(0.502)	(0.737)	(0.612)
规模经营补贴	59.034*	58.618*	62.721*	54.257*
	(1.810)	(1.838)	(1.895)	(1.853)
村耕地流转协调	−83.375**	−92.395***	−84.352***	−95.890***
	(−2.613)	(−2.878)	(−2.731)	(−3.107)
村区位条件	0.309	0.083	0.119	−0.170
	(0.457)	(0.130)	(0.189)	(−0.303)
村非农就业比例	−0.194	−0.135	0.019	0.011
	(−0.195)	(−0.133)	(0.020)	(0.011)

续表

变量名称	控制合约执行率		控制纠纷解决率	
	模型（6-13）	模型（6-14）	模型（6-15）	模型（6-16）
村人均收入水平	0.007 **	0.007 **	0.006 *	0.006 **
	（2.301）	（2.442）	（1.833）	（1.993）
村户均地块数	−0.137	−0.595	0.915	−0.712
	（−0.024）	（−0.104）	（0.173）	（−0.126）
村户均耕地面积	−1.026	−1.493	−1.603	−1.831
	（−0.447）	（−0.648）	（−0.758）	（−0.864）
村老年人口占比	1.832	1.944	1.492	1.623
	（1.329）	（1.485）	（1.096）	（1.197）
村平地面积占比	0.549 *	0.544 *	0.718 *	0.695 *
	（1.866）	（1.815）	（1.727）	（1.696）
村地形特征（丘陵）	−151.732 **	−152.798 **	−170.320 **	−179.249 ***
	（−2.204）	（−2.205）	（−2.503）	（−2.623）
村地形特征（山地）	−127.499 **	−112.927 *	−87.267 *	−72.767 **
	（−2.038）	（−1.809）	（−1.956）	（−2.026）
地区虚拟变量	控制	控制	控制	控制
常数项	162.421	438.256 **	229.414 **	317.964 **
	（1.251）	（2.524）	（2.007）	（2.443）
观测值	256	256	256	256
R-squared	0.805	0.810	0.810	0.815
Prob>chi2	0.000	0.000	0.000	0.000

变量名称	控制合约执行率		控制纠纷解决率	
	模型（6-13）	模型（6-14）	模型（6-15）	模型（6-16）
模型拟合优度 F 检验值	57.04	52.43	50.66	50.20

注：*、**和***分别表示在10%、5%和1%的统计水平上显著；括号中数据为参数估计的 t 值。

数据来源：作者根据课题组 2015 年和 2018 年开展的"粮食规模化生产情况"调查数据统计整理。

以上结果显示，无论是选择合约执行率还是纠纷解决率测度农地合约约束力，都能证明合约约束力对农地租金水平具有促进作用，且这种效应在农地流转市场发育程度较高的区域更为明显，表明了农地流转合约约束力的提升能够强化流转市场发展对农地租金水平的促进作用，原因可能在于尽管农地流转市场的发育有助于农地的"正式"交易与"连片化"流转，能够促进流转农地租金水平的提高，但合约约束力是保障流转合约执行以维持农地经营权稳定的关键。具体而言，当合约约束力不足时，农地流转市场中更大比例的农户选择特定的流转对象，如近邻亲朋等采用非正式的流转，又或缩短流转期限、增加交易频率（如第六章第二节结论所示），以降低违约可能遭受的损失，这会导致流转市场的整体租金水平的降低。

四、农地流转市场的资源配置建议

上文在考察合约约束力引致的农地流转市场书面合约与长期合约面积占比差异的基础上，进一步比较了不同合约类型与期限的农地转入户的特征及农业生产方式的异质性，并检验了不同合约约束力条件下的流转租金差异。由于不同合约约束力下，流转市场中农户的合约类型与期限的选择不同，而选择不同合约的转入户在人力资本、资源禀赋、经营能力、农机投资、生产投入、技术学习等方面存在差异，所以合约约束力的强弱会影响流转市场中流向人力资本更高、资源禀赋更足、经营能力更强、生产投入更积极的农户的农地比例，这将直接影响农地资源的利用与农业生产效率，也同时关系到流转市场中农地租金与资源配置。

按照市场机制配置资源的一般性原则，农地作为生产要素会被配置给边际产出价值更高的经营者（金松青等，2004）。通常而言，通过人力资本、资源禀赋、经营能力、农机投资、生产投入、技术学习等反映的农户经营管理能力更强的农户，其转入农地经营的边际产出价值更高，在市场竞争中表现出更强的竞争力从而获得农地。以上数据的比较表明，当合约约束力不足时，农地流转市场中通过口头合约和短期合约流转农地的比例提高，但并不意味着流转市场资源配置的低效。无论是农地转出户，还是转入户，农地流转合约的选择都是"理性人"的行为决策。诚然，农地转入户在农地利用方式、经营管理能力、技术采用等方面存在差异，尽管有部分农地采用口头合约或短期合约流向了经营管理能力不强、技术采用水平不足、生产效率不高的农户，但转出户能够在合约约束力不足的条件下保障自身权益的最大化，这一现象是在合约约束力不足的条件下有效的市场配置行为，体现了市场配置资源的一般性规律。

综上分析，尽管在市场竞争中有部分资源配置给了生产效率较低的农户，但实际上这是履约环境中合约约束力不足带来市场配置效率的损失，属于合理的市场行为。那么，本研究具有的现实意义是：在要素市场化的进程中，完善社会信任与法治以改善要素交易的履约环境，对于提升要素市场的资源配置效率具有重要意义。结合农地流转市场来看，规范农地流转方式、改善农地交易的履约环境，无论是对提升流转市场的农地资源配置效率、保障农民基本权益、激励农业生产投资还是对提高农业生产效率，均具有积极的促进作用。

第四节　本章小结

本章比较了不同合约约束力的条件下，农户选择不同类型与期限的合约收益的差异，并利用黑龙江、河南、浙江和四川 4 省农户层面和村庄层面的调查数据进行实证分析，检验合约约束力对流转市场中书面合约和长期合约的农地面积占比的影响。并进一步比较了不同合约类型与期限的农地转入户特征及农业生产方式的差异，从而阐明合约约束力对农地流转市场的资源配置含义。研究的主要结论有以下四点。

第一，合约约束力的提高对农地流转市场中书面合约面积占比具有正向影响，即合约约束力越强的区域，选择书面合约流转农地的面积占比越高。实证分析结果显示，无论是选择合约执行率还是纠纷解决率作为合约约束力的代理变量，都能证明合约约束力越强的地区，农地流转市场中签订书面合约农地面积占比越高。

第二，合约约束力的提高对农地流转市场中长期合约农地面积占比具有正向影响，即合约约束力越强的区域，选择长期合约流转农地的面积占比越高。实证分析结果显示，无论是选择合约执行率还是纠纷解决率作为合约约束力的代理变量，都能证明合约约束力越强的地区，农地流转市场中长期合约流转的农地面积占比越高。

第三，良好的合约约束力有助于提高农地流转市场的租金水平。农地流转市场的发育程度的提高，有助于农地的"正式"交易与"连片化"流转，能够促进流转农地租金水平的提高，但无论是选择合约执行率还是纠纷解决率测度合约约束力，都能证明约束力更强地区的租金水平更高，意味着合约约束力不足会弱化农地流转市场发育提升农地租金水平的促进作用。在要素市场化的背景下，改善要素交易的履约环境强化流转合约约束力，有助于保障农地交易的稳定性与农地利用的持续性，从而提升流转市场的租金水平。

第四，合约约束力会影响农地流转市场的资源配置效率。在合约约束力不足的地区，流转市场中流向人力资本高、资源禀赋充足、经营能力强、生产投入积极的农户的农地比例更低，降低了农地流转市场的租金水平，导致这一现象的原因是合约约束力不足造成了农地流转市场资源配置效率的损失。因此，在要素市场化的背景下提升要素交易的合约约束力对提高资源配置效率具有重要意义。

第七章
农地流转市场发育、合约约束力与规模经营发展及稳定性

随着要素市场化的推进，中国农地规模经营的进程滞后于农地流转市场的发展，乡村社会中农地市场合约约束力不足是其重要制约因素。基于合约约束力对流转农地权益明晰性与受益持续性影响的理论分析，本章将重点探讨农地流转市场合约的约束力对农地规模经营及稳定性的影响，并利用农业资源禀赋和经济发展差异显著的黑龙江、河南、浙江、四川4省的村庄与农户追踪调查数据进行实证检验。下文将分别检验农地流转合约约束力对村庄农地规模经营程度与规模户经营稳定性的影响。

第一节　计量经济模型设定、数据与变量

一、计量经济模型设定

考虑到农地流转是规模经营的先决条件，在模型中加入合约约束力与农地市场发育程度的交叉项，以检验农地流转、合约约束力对农地规模经营程度的影响。研究采用非观测效应模型进行检验，模型设定如下：

$$S\_rate_{it} = \alpha_0 + \alpha_1 Transfer_{it} + \alpha_2 Transfer_{it} \times YSL_{it} + \gamma X_{it} + \sigma_i + \xi_{it}$$

$$(7-1)$$

式（7-1）中 S_rate_{it} 表示村庄 i 在时期 t 的农地规模经营程度，$Transfer_{it}$ 表示村庄 i 在时期 t 的农地流转市场发展情况，用村庄流转农地面积占村农地总面积的比例测度；YSL_{it} 表示村庄 i 在时期 t 的农地流转合约约束力，分别选择村层面的合约执行率 ZXL_i 和纠纷解决率 LYL_i 测度。X_{it} 表示村庄 i 在时期 t 的

一系列控制变量。模型中 σ_i 为个体固定效应，用于控制村庄层面随时间不变但因村庄而异的不可观测因素，ξ_{it} 为模型扰动项。

进一步将在农户层面检验农地合约约束力对规模经营稳定性的影响。由于农地规模户经营稳定性一方面取决于农户的合约安排，另一方面会受到合约执行的影响，因而需要在控制农地流转合约安排条件下，检验农地合约约束力对规模户经营规模调整决策的影响。计量经济模型如下：

$$S\_change_i = \beta_0 + \beta_1\, YSL_i + \beta_2\, Type_i + \beta_3\, Term_i + \gamma\, X_i + \xi_i \qquad (7\text{-}2)$$

式（7-2）中，S_change_i 表示规模户 i 的经营规模调整决策，包括规模户经营面积是否减小，以及规模户经营面积减小的比例，$Type_i$ 与 $Term_i$ 分别为规模户 i 转入最大地块的合约类型与合约期限。YSL_i 为规模户 i 所在区域的农地流转合约约束力，分别选择村层面的合约执行率 ZXL_i 和纠纷解决率 LYL_i 测度。X_i 表示规模户 i 的一系列控制变量，ξ_i 为模型扰动项，β_0、β_1、β_2、β_3、γ 均为模型的待估参数。

二、数据来源与变量选择

本章关注农地流转、合约约束力对农地规模经营及稳定性的影响，重点在于农地合约约束力、农地规模经营程度、农地规模经营稳定性的测度，涉及农地流转信息、合约及执行情况、农地规模经营、规模户经营变动情况等数据资料。本研究选取课题组开展的"粮食规模化生产情况"的追踪调查数据，利用的数据包括两个部分：第一，村庄层面数据，包括农地规模经营情况、农地流转市场发展、农地合约选择情况、农地流转合约违约及治理信息、农地资源禀赋条件、经济发展水平、人口与劳动就业情况、农业政策等内容；第二，农户层面数据，包括农地流转与经营、农业生产投入与产出、农机持有与农业投资、家庭人口与就业、农业补贴等内容。主要变量设定如下：

被解释变量。（1）农地规模经营，参考郭阳和徐志刚（2021）的研究，选择村内规模经营主体经营农地面积占村总耕地面积的比例测度地区农地规模经营发展的程度。（2）规模经营稳定性，反映了规模户的持续经营状态。结合跟踪调查数据统计 2015—2018 年间规模户经营农地面积的变化，一方面统计规模户经营面积是否减小，生成规模经营稳定性的二元变量以考察农地市场履约环境对规模户的经营变动决策的影响；另一方面统计规模户经营面积减小的比例生成连续变量，以考察农地市场履约环境对规模户经营变动程度的影响。

关键解释变量：合约约束力。农地流转合约履约行为可以分为双方当事人按照约定内容完全执行和违约时按照违约权责追责两种情况，合约约束力的强弱也可以体现在合约执行情况和纠纷解决情况两方面。因此，本研究分别选择了村层面的合约执行率 ZXL_i 和纠纷解决率 LYL_i 测度合约约束力。问卷中针对村干部在村庄层面询问了"2005年以来本村平均每年纠纷有多少件?""全部纠纷中已经解决多少件?""村内流转农地的农户数量"，其中合约执行率用"（1-农地纠纷总件数/村农户总数量）×100%"表示，纠纷解决率用全部纠纷中已经解决的数量与农地纠纷总件数的比值表示。

控制变量。综合考虑农地规模经营相关研究文献的分析，农地流转市场发育、农地资源禀赋、政策补贴与行政干预、经济发展与非农就业等因素是影响农地规模经营的重要因素。实证模型中引入下列控制变量：（1）在农地规模经营的影响模型中，控制村庄农地禀赋、自然特征、经济发展水平、非农就业比例、政策补贴、行政干预、农地确权。（2）在规模经营稳定性影响模型中，控制农地经营情况、流转合约结构、农业生产补贴、农机持有情况、农户人口与户主特征、非农就业情况变量。主要变量的赋值与描述性统计结果详见表7-1。

表7-1 变量赋值与描述性统计

	变量名称	变量设定与赋值	样本数	均值	标准差	最小值	最大值
村庄层面	农地规模经营	规模户经营农地面积占村庄农地总面积的比例，单位:%	256	16.44	22.52	0	92.2
	合约执行率	（1-农地纠纷总件数/村农户总数量）×100%，单位:%	256	90.62	15.82	14.3	100
	纠纷解决率	已解决纠纷件数/农地纠纷总件数×100%，单位:%	256	55.64	33.54	0	100
	农地流转率	流转面积占村农地总面积的比例，单位:%	256	41.36	22.30	5.0	98.0
	耕地丰裕度	村耕地承包总面积/总户数，单位：亩/户	256	8.02	11.24	0.50	42.5

续表

	变量名称	变量设定与赋值	样本数	均值	标准差	最小值	最大值
村庄层面	耕地细碎化	平均每户地块数量，单位：块/户	256	5.18	3.20	1	15
	村人均收入	村年人均纯收入，单位：元/人	256	9682	6397	1200	38000
	村外出务工比例	本村劳动力在县外就业的比例，单位:%	256	40.1	26.0	1	100
	老年人口占比	村人口中60岁以上人口比例，单位:%	256	24.48	9.89	6.55	65.0
	农地确权	村耕地是否确权，是=1，否=0	256	0.87	0.34	0	1
	流转协调	流转是否要村组织或协调，是=1，否=0	256	0.36	0.48	0	1
	流转补贴	是否有耕地流转补贴，是=1，否=0	256	0.27	0.44	0	1
	规模经营补贴	是否有农地规模经营补贴，是=1，否=0	256	0.41	0.49	0	1
	区位条件	到县政府的距离，单位：公里	256	29.88	21.85	1	150
	平地面积占比	村耕地中平地面积占比，单位:%	256	67.69	32.53	0	100
	地形特征	平原=1，丘陵=2，山区=3	256	1.59	0.54	1	3
	自然灾害情况	近6年受灾且减产超过10%的年份占比，单位:%	256	0.36	0.36	0	1
农户层面	规模户经营稳定性	追踪期间规模户减小或退出规模经营，是=1，否=0	291	0.31	0.46	0	1
	规模经营减小程度	规模户经营面积减小的比例，单位:%	291	14.25	26.70	0.00	100
	经营面积	种植耕地面积，单位：亩	291	246.5	582.0	50	9316
	合约类型	转入最大地块的合约类型，口头=0，书面=1	291	0.57	0.50	0	1
	合约期限	转入最大地块的合约期限，单位：年	291	3.82	5.29	1	30
	户主年龄	户主年龄，单位：岁	291	50.47	9.87	28	86
	户主受教育程度	户主上了多少年学，单位：年	291	7.85	2.94	0	16

变量名称		变量设定与赋值	样本数	均值	标准差	最小值	最大值
农户层面	农业劳动力数量	家庭从事农业生产的劳动力数量，单位：人	291	2.20	0.89	1	6
	务农经验	户主从事了多少年的农业生产，单位：年	291	26.79	11.60	1	60
	家庭房产价值	2014年家庭房产的总价值，单位：万元	291	175.9	192.8	4.0	900.0
	持有农机价值	农户持有的农机总原值，单位：万元	291	12.3	25.7	0	290.6
	加入合作社	农户是否加入产销合作社，是=1，否=0	291	0.18	0.38	0	1

数据来源：作者根据课题组2015年和2018年开展的"粮食规模化生产情况"调查数据统计整理。

三、变量的描述性统计

表7-2对比分析了不同农地流转率和合约约束力下农地规模经营的差异。表中分别根据村庄农地流转率与合约约束力指标进行分组，其中，村庄农地流转率高于省平均流转率的村归为高流转率组，低于省平均流转率的村归为低流转率组；同时，根据合约执行率、纠纷解决率与省中值的比较分为两组，即村合约执行率高于省中值的村庄归为高执行率组，低于省中值的村归为低执行率组，纠纷解决率高于省中值的村归为高解决率组，低于省中值的村归为低解决率组。对比数据显示，高流转率组的村庄农地规模经营程度显著高于低流转率组的村庄，且均在1%的统计水平上显著，充分说明农地流转市场的发育是农地规模经营发展的先决条件。同时，由于区域农地市场合约约束力的差异，合约高执行率组的规模经营程度高于低执行率组，纠纷高解决率组的规模经营程度也高于低解决率组，且该差异无论是在高流转率组还是低流转率组均显著存在。但值得注意的是，该差异程度在高流转率组与低流转率组显著不同，具体表现为：在高流转率组村庄中，合约高执行率组比低执行率组村庄的农地规模经营程度高7.29%，纠纷高解决率组比低解决率组村庄的农地规模经营程度高4.09%，在低流转率组的村庄中以上两项差异分别为1.86%和2.34%，这表明农地市场合约约束力的差异会导致农地流转对农

地规模经营程度影响的异质性。

表7-2 不同农地流转率与合约约束力下农地规模经营的交叉统计

合约约束力分组		高流转率组（%）	低流转率组（%）	检验统计量对应概率
整体样本		22.50	11.10	0.00***
按合约执行率分组	高执行率组	26.14	12.03	0.00***
	低执行率组	18.85	10.17	0.00***
按纠纷解决率分组	高解决率组	24.54	12.26	0.00***
	低解决率组	20.45	9.92	0.00***

数据来源：作者根据课题组2015年和2018年开展的"粮食规模化生产情况"调查数据统计整理。

以上农地流转、合约约束力与农地规模经营程度交叉统计组间差异的t检验结果均在1%的统计水平上显著，表明合约约束力的差异会导致农地流转市场对农地规模经营程度影响的异质性。具体表现在两方面：一是在相同合约约束力的条件下，流转市场发育程度不同地区的农地规模经营程度存在差异；二是在不同合约约束力的条件下，流转市场发育程度相同地区的农地规模经营程度也存在差异，而具体的关系需要通过实证分析进行更进一步的检验。

第二节 计量经济模型结果与分析

一、农地流转、合约约束力对农地规模经营程度的影响

如表7-3所示，模型（7-1）至模型（7-4）汇报了农地流转率、合约约束力对农地规模经营程度影响模型的参数结果，其中模型（7-1）和模型（7-2）分别选择合约执行率、纠纷解决率测度合约约束力，采用混合最小二乘法（Pooled OLS）进行参数估计，模型（7-3）和模型（7-4）分别为合约执行率、纠纷解决率测度合约约束力，选择固定效应模型采用最小二乘法

（FE-OLS）进行参数估计。总体来看，以上所有模型的拟合优度 F 检验统计量都较大，均达到了 1% 的显著性水平，表明所有模型的整体拟合程度较好，同时，模型 R-squared 也表明对被解释变量的解释程度较高。

在计量经济分析中引入农地流转率与合约约束力指标的交乘项，以考察在不同流转市场合约约束力的条件下农地规模经营程度的差异。结合具体参数来看，模型（7-1）中农地流转率与合约执行率交乘项的系数为正，且在 5% 的统计水平上显著，表明在一定农地流转率的条件下，合约执行率越高的村庄具有更高的农地规模经营水平。具体而言，在平均流转率处合约执行率每上升 1%，村庄的农地规模经营水平会提高 0.165%。模型（7-2）中农地流转率与纠纷解决率交乘项的系数为正，且在 5% 的统计水平上显著，表明在一定农地流转率的条件下，纠纷解决率越高的村庄具有更高的农地规模经营水平。具体而言，在平均流转率处的纠纷解决率每上升 1%，村庄的农地规模经营水平会提高 0.124%。

表7-3 农地流转、合约约束力与农地规模经营程度的计量经济模型拟合结果

变量名称	Pooled-OLS		FE-OLS	
	模型（7-1）	模型（7-2）	模型（7-3）	模型（7-4）
农地流转率	0.022**	0.144*	0.791***	0.374***
	(2.158)	(1.915)	(7.187)	(3.128)
农地流转率×合约执行率	0.004**	—	0.009***	—
	(2.232)	—	(8.457)	—
合约执行率	-0.159*		-0.103	
	(-1.698)		(-1.454)	
农地流转率×纠纷解决率	—	0.003**	—	0.007***
	—	(2.355)	—	(3.914)
纠纷解决率	—	-0.176***	—	-0.064
	—	(-2.618)	—	(-1.535)

续表

变量名称	Pooled-OLS		FE-OLS	
	模型（7-1）	模型（7-2）	模型（7-3）	模型（7-4）
农地丰裕度	0.416**	0.385*	0.192*	0.585**
	(2.124)	(1.859)	(0.859)	(2.246)
农地细碎化	-0.498*	-0.582	-0.028**	-0.027*
	(-1.850)	(-1.594)	(-2.069)	(-1.755)
村人均收入	0.000*	0.000**	0.000*	0.001*
	(1.861)	(2.013)	(1.874)	(1.878)
村外出务工比例	-0.002	-0.007	0.003	-0.021
	(-0.025)	(-0.114)	(0.081)	(-0.439)
老年人口占比	0.126	0.119*	0.385*	0.444
	(1.670)	(1.861)	(1.710)	(1.645)
农地确权	4.342**	4.451*	3.273**	2.077*
	(2.223)	(1.912)	(2.164)	(1.853)
流转协调	0.718	0.979	2.628	4.503*
	(0.240)	(0.320)	(1.347)	(1.912)
流转补贴	3.836	3.332	-0.773	-0.243
	(1.225)	(1.081)	(-0.319)	(-0.082)
规模经营补贴	0.331	0.147	-1.884	-3.227
	(0.110)	(0.049)	(-0.986)	(-1.412)
村区位条件	0.143**	0.140*	0.030	0.010
	(2.029)	(1.947)	(0.698)	(0.210)

变量名称	Pooled-OLS		FE-OLS	
	模型（7-1）	模型（7-2）	模型（7-3）	模型（7-4）
村平地面积占比	0.070*	0.075*	0.034*	0.015
	（1.754）	（1.921）	（1.878）	（1.635）
自然灾害情况	-1.869	-2.574	3.518	4.178
	（-0.568）	（-0.803）	（1.051）	（1.053）
村地形特征（丘陵）	-8.790**	-8.983**	-3.241	-2.815*
	（-2.111）	（-2.162）	（-1.320）	（-1.938）
村地形特征（山地）	2.737	2.200	2.737	13.469
	（0.271）	（0.217）	（0.380）	（1.609）
2017年虚拟变量	0.161	0.372	9.002	4.090
	（0.043）	（0.101）	（1.337）	（1.093）
常数项	2.685	-0.661	-1.642	2.076
	（0.245）	（-0.084）	（-0.202）	（0.214）
样本量	256	256	256	256
R-squared	0.387	0.390	0.545	0.343
模型拟合优度F检验值	9.158	8.819	8.992	6.004

注：*、**和***分别表示在10%、5%和1%的统计水平上显著；括号中数据为参数估计的t值。

数据来源：作者根据课题组2015年和2018年开展的"粮食规模化生产情况"调查数据统计整理。

进一步利用固定效应模型进行稳健性检验，结果如模型（7-3）和模型（7-4）所示。关键解释变量对农地规模经营的影响方向与前文分析完全一致，变量"农地流转率"系数为正，且均在1%的统计水平上显著；合约执行率、纠纷解决率与农地流转率交乘项的系数均为正，且在 1%的统计水平上显著，表明农地流转率对规模经营程度具有显著的促进作用，且合约执行率与纠纷解决率均会强化这种促进作用。具体而言，在平均流转率处合约执行率与纠纷解决率每上升 1%，村庄的农地规模经营水平分别提高 0.372%和 0.290%。主要原因在于良好的合约约束力有助于维护农地流转合约的稳定性，一方面降低流转交易中的权益不确定性，规范农地流转市场合约交易，有助于规模户的形成与扩张；另一方面保障农地转入户投资受益的持续性，通过投资提升农业生产经营能力从而具备更高的租金支付能力，以在农地市场中更具竞争力进而扩大经营面积，这将促进区域内农地规模经营水平的提升。

　　为检验以上机制，统计不同合约约束力下农地流转市场合约类型、期限与租金水平，并检验其差异，结果如表 7-4 所示。从合约类型来看，无论按合约执行率分组还是按纠纷解决率分组，合约约束力较强村庄的农地市场中选择书面合约流转农地面积的占比都显著高于较差的村庄；从合约期限来看，合约约束力较强村庄的农地市场中选择长期合约流转农地面积的占比显著高于约束力较差的村庄。以上差异均在 10%及以上水平统计显著，表明良好合约约束力能够有效约束流转市场的农地交易，有助于农地流转合约的规范化与长期化，为农地规模主体的形成与扩张创造良好条件。另外，从村庄租金水平来看，合约高执行率组和纠纷高解决率组村庄的农地流转平均租金分别为 355.5 元/亩和 361.3 元/亩，而在合约低执行率组和纠纷低解决率组村庄的农地流转平均租金为 321.5 元/亩和 315.7 元/亩，均显著低于前者且在 5%的水平统计显著，表明约束力较强村庄的农地流转租金水平更高。结合农地租金相关研究来看，其主要原因可能在于良好的合约约束力保障农地流转的权益稳定性，有助于农地转入户的长期生产决策与投资，提升了生产经营能力从而具备更高的租金支付能力与意愿。

表7-4 不同合约约束力下农地流转市场合约结构差异的统计

指标	合约执行率分组			纠纷解决率分组		
	高执行率组	低执行率组	t检验值	高解决率组	低解决率组	t检验值
村庄书面合约占比(%)	42.02	31.98	1.88*	42.24	32.88	1.93*
村庄长期合约占比(%)	41.10	29.20	1.87*	41.99	29.18	2.09**
村庄租金水平(元/亩)	355.5	321.5	2.34**	361.3	315.7	2.74***

数据来源：作者根据课题组2015年和2018年开展的"粮食规模化生产情况"调查数据统计整理。

二、农地流转合约约束力对规模户经营稳定性的影响

结合农户的追踪调查分析初期农地规模户的经营面积是否减小或退出农业经营，以及规模户经营面积减小的比例，考察农地流转合约约束力对规模户经营稳定性的影响。计量经济分析的结果如表7-5所示，其中，模型（7-5）和模型（7-6）分别为合约执行率、纠纷解决率测度合约约束力对规模户经营面积减小或退出决策的影响，利用二元选择模型采用极大似然法进行稳健性估计；模型（7-7）和模型（7-8）分别为合约执行率、纠纷解决率测度合约约束力对规模户经营面积减小比例的影响，利用 Tobit 模型采用极大似然法估计。总体来看，模型的拟合优度 F 检验统计值较大，均达到了 1% 的显著性水平，表明所有模型的整体拟合程度较好。

在模型分析中，考虑到由于经济水平、社会文化、法治环境等条件的差异，不同区域的合约执行率与纠纷解决率情况存在显著性差异，直接比较会导致结果存在较大偏差，故分别将合约执行率、纠纷解决率与其省中值相比转换为二元虚拟变量，即分别对比合约高执行率组与低执行率组，以及纠纷高解决率组与低解决率组的规模户经营稳定性的差异。如表7-5所示，在模型（7-5）中合约执行率虚拟变量的系数为-0.131，表明相对于合约执行率低的地区，合约执行率高地区的规模户减小或退出的概率低13.1%；在模型（7-6）中纠纷解决率虚拟变量的系数为-0.011，表明相对于纠纷解决率低的地区，纠纷解决率高的地区规模户减小或退出的概率低1.1%，以上两项均在10%的统计水平上显著。进一步结合规模户面积减小比例的模型参数拟合结

果来看，在模型（7-7）中合约执行率虚拟变量的系数为-2.378，表明与合约执行率低的地区相比，合约执行率高地区的规模户在追踪调查期内面积减小的平均比例低2.378%，且该统计在5%的统计水平上显著；在模型（7-8）中纠纷解决率虚拟变量的系数为-10.572，表明与纠纷解决率低的地区相比，纠纷解决率高地区的规模户在追踪调查期内面积减小的平均比例低10.572%，且也在5%的统计水平上显著。

表7-5　农地流转市场合约约束力对规模户经营稳定性影响的计量模型拟合结果

变量名称	规模户是否减小或退出（Probit）		规模户面积减小比例（Tobit）	
	模型（7-5）	模型（7-6）	模型（7-7）	模型（7-8）
合约执行率虚拟变量	-0.131*	—	-2.378**	—
	(-1.940)	—	(-2.225)	—
纠纷解决率虚拟变量	—	-0.011*	—	-10.572**
	—	(-1.904)	—	(-2.006)
经营面积	0.000*	0.000*	0.031**	0.030**
	(1.640)	(1.667)	(2.084)	(2.066)
合约类型	-0.534***	-0.526***	-39.281***	-39.711***
	(-4.252)	(-4.197)	(-3.484)	(-3.523)
合约期限	-0.012**	-0.012**	-3.636***	-3.665***
	(-2.378)	(-2.396)	(-3.057)	(-3.074)
户主年龄	0.012	0.012	-0.398	-0.396
	(1.634)	(1.636)	(-0.572)	(-0.570)
户主受教育程度	0.007	0.008	2.916	2.875
	(0.368)	(0.377)	(1.591)	(1.573)
户主农业经验	0.008	0.008	-0.122	-0.124
	(1.537)	(1.495)	(-0.229)	(-0.234)

续表

变量名称	规模户是否减小或退出（Probit）		规模户面积减小比例（Tobit）	
	模型（7-5）	模型（7-6）	模型（7-7）	模型（7-8）
家庭农业劳动力数量	-0.205***	-0.203***	-9.274	-9.663*
	(-3.472)	(-3.458)	(-1.641)	(-1.711)
家庭房产价值	0.000	0.000	0.054**	0.054**
	(1.553)	(1.602)	(2.056)	(2.075)
农机持有价值	-0.007*	-0.007*	-0.585	-0.560
	(-1.905)	(-1.948)	(-1.501)	(-1.438)
加入产销合作社	-0.553***	-0.563***	-9.666**	-8.758**
	(-3.238)	(-3.280)	(-2.612)	(-2.553)
农地确权	0.172	0.145	6.876	4.536
	(0.972)	(0.819)	(0.408)	(0.269)
自然灾害情况	0.083	0.041	2.095	1.572
	(0.429)	(0.211)	(0.113)	(0.086)
村委会到乡镇政府距离	0.008**	0.008**	-0.196	-0.203
	(2.175)	(2.079)	(-0.514)	(-0.537)
丘陵(参照"平原")	0.459***	0.482***	-6.831	-3.677
	(3.107)	(3.248)	(-0.549)	(-0.290)
山地(参照"平原")	0.693***	0.613**	-21.762	-25.075
	(2.648)	(2.434)	(-0.938)	(-1.117)
地区虚拟变量	控制	控制	控制	控制
常数项	-0.366	-0.273	-70.541	-64.297
	(-0.743)	(-0.556)	(-1.620)	(-1.489)

变量名称	规模户是否减小或退出（Probit）		规模户面积减小比例（Tobit）	
	模型（7-5）	模型（7-6）	模型（7-7）	模型（7-8）
样本量	291	291	291	291
LR chi2	131.9	130.8	85.86	86.83
Prob>chi2	0.000	0.000	0.000	0.000
Pseudo R^2	0.186	0.184	0.140	0.141

注：*、**和***分别表示在10%、5%和1%的水平上显著；模型（7-5）和模型（7-6）括号内数字为估计系数统计检验的z值，模型（7-7）和模型（7-8）括号内数字为估计系数统计检验的t值。

数据来源：作者根据课题组2015年和2018年开展的"粮食规模化生产情况"调查数据统计整理。

以上分析显示：无论是选择合约执行率还是纠纷解决率测度农地流转合约约束力，都能证明合约约束力较强村庄的农地规模户减小或退出经营的概率显著更低，且规模户经营农地面积减少的比例也更小，表明在合约执行率高和纠纷解决率高的地区，规模户的农业经营稳定性更强，意味着良好的合约约束力是保障农地规模经营稳定性的重要条件。

第三节　本章小结

随着要素市场化的发展，农村劳动力的持续转移一方面促进农地流转市场的迅速发展，为农地集中以实现规模化经营创造了条件；另一方面带来农村社会的变迁，社会信任的衰退与法治建设的不完善影响了乡村治理中的履约环境，制约农地规模经营的发展进程与质量。本研究在要素市场化背景下分析农地流转合约约束力对农地规模经营的影响，并利用农业资源禀赋和经济发展差异显著的黑龙江、河南、浙江、四川4省的村庄与农户调查数据进行实证检验。其中，村庄层面的数据检验了农地流转与合约约束力对农地规模经营发展的影响，农户层面的数据检验了合约约束力对规模户经营面积调整及程度的影响，从而揭示了农地流转、合约约束力对农地规模经营程度及稳定性的影响机制。

主要形成以下两点结论：一是良好的合约约束力强化了农地流转市场发育对农地规模经营的促进作用。农地流转合约约束力能显著促进农地规模经营的发展，无论是选择合约执行率还是纠纷解决率测度流转合约约束力，都能证明合约约束力更强的区域农地规模经营程度更高，意味着合约约束力是农地流转促进农地规模经营发展的基础。二是在良好合约约束力下的规模户具有更强的经营稳定性。合约约束力较强村庄的农地规模户减小或退出经营的概率显著更低，且规模户经营农地面积减少的比例也更小，即在合约执行率高和纠纷解决率高的地区，规模户的农业经营稳定性更强，意味着良好的合约约束力是保障农地规模经营稳定性的重要条件。在要素市场化的背景下，改善要素交易的履约环境强化合约约束力，有助于保障规模户的经营稳定性从而促进农地规模经营的发展，对于促进农业现代化发展和提升市场资源配置效率具有重要意义。

根据研究结论，本章提出以下政策建议：第一，在推动农地规模经营与农业现代化的进程中，注重构建和维护良好的市场秩序与履约环境。随着全国统一大市场的推进，良好的市场秩序与履约环境是发挥市场机制提升资源配置效率的重要保障。结合农地市场发展来看，完善与承包地经营权相关联的公证、仲裁等制度与机构，强化纠纷协调处理服务功能和调解能力，提高执行效率和降低追责成本，强化流转市场合约约束力以构建良好的履约环境，从而维护和保障农地流转市场参与方合法的农地权益。无论对于保障农民的农地权益和提升资源配置效率，还是激励规模户的农业生产投资和推动农业现代化发展，均具有积极作用。第二，重视乡村振兴中的法治建设和宣传，强化农户的产权与法律意识。随着要素市场化的发展，传统农业经济结构和乡村道德共同体的不断分化，法治作为一种象征国家正式力量的话语、实践，在社会秩序维护和纠纷解决中逐渐发挥主导性作用，因而乡村法治建设应该成为乡村振兴中的一项基础性工程。结合农地流转来看，需要加强农地相关法律法规的宣传，通过多样化的宣传与教育形式，引导农户熟悉和理解农地产权法律安排、流转合同形式与内容、纠纷处理方式与流程等，逐步强化农户对农地产权认识和法律意识。这不仅有助于提高农户对农地流转合同重要性的认知，从而促进农地流转市场的规范化发展，而且能够提升农户利用法律保障自身合法权益的意识和能力，减少乡村农地纠纷产生的社会矛盾与冲突的同时，规范市场交易行为以形成良好的履约环境。

第八章
社会信任与法治强度对合约约束力的影响

本章在要素市场化背景下，考察社会信任与法治强度对农地流转合约约束力的影响，并运用经济发展水平与社会文化条件差异明显的 4 省 128 村农户和村庄调查数据进行实证分析。

第一节　计量经济模型设定、数据与变量

一、计量经济模型设定

本章检验要素市场化发展背景下，社会信任和法治强度对合约约束力的影响，设定计量模型如下：

$$YSL_i = \alpha + \beta_1 \times Trust_i + \beta_2 \times Law_i + \gamma\, X_i + \xi_i \qquad (8-1)$$

式（8-1）中 YSL_i 表示村庄 i 的合约约束力，参照第六章中的变量测度方式，分别选择村层面的合约执行率 ZXL_i 和纠纷解决率测度 LYL_i 作为合约约束力的代理变量。

式（8-1）中的关键解释变量是 $Trust_i$ 和 Law_i。其中 $Trust_i$ 是村庄 i 内部的社会信任，具体通过询问农户间信任程度的问题来构建村庄层面的社会信任的测度指标（徐志刚等，2011）。在农户问卷调查中，询问 "Q1：外出时放心把我的房子交给邻居照看" 和 "Q2：在村子里我仅愿意把钱借给我要好的亲戚或朋友"，农户的回答选项有 "完全不同意 = 1；不同意 = 2；无所谓 = 3；同意 = 4；非常同意 = 5"。针对问题 Q1 在村庄层面统计回答 "同意" 或 "非常同意" 的农户比例，构建社会信任指标 1；针对问题 Q2 在村庄层面统计回

答"不同意"或"完全不同意"的农户比例，即"在村里我可以把钱借给非亲戚或朋友"的农户比例，构建社会信任指标2。具体来看，社会信任指标1与指标2均为0~1之间的数值，且数值越大表示农户之间的信任程度越高，村庄的社会信任状况越好。在模型估计中，将采用以下两种方式来检验村庄信任水平对合约约束力的影响及稳健性。第一，分别用社会信任指标1和指标2来测度社会信任，直接放入模型中进行参数估计和假设检验；第二，将社会信任指标1和指标2用相同的权重加总（刘家成等，2019），从两个维度构建了一个社会信任综合指标作为社会信任的总得分，放入模型中进行参数估计，同时检验结果的一致性。

Law_i是村庄i所在区域的法治强度。通常而言，农地纠纷解决的主要途径是由县（乡）政府及仲裁机构调解或仲裁，测度农地流转市场的法治强度重点考察与农地纠纷仲裁相关的制度条文和执行情况，具体通过询问村干部纠纷仲裁的问题来构建一个反映村庄法治强度的指标。在村庄调查中询问"Q3：过去三年，县乡有没有下发过关于土地纠纷仲裁的红头文件？"和"Q4：过去三年，县乡有没有专门组织过关于土地纠纷仲裁的会议？"，分别构建法治强度指标1和指标2。具体来看，法治强度指标1与指标2取值均为0或1的二元变量，且取值为1的村庄的法治强度优于取值为0的村庄。在模型估计中，将采用以下两种方式来检验村庄法治强度对合约约束力的影响及稳健性：第一，分别用法治强度指标1和指标2来测度村庄的法治强度，直接放入模型中进行参数估计和假设检验；第二，将法治强度指标1和指标2以相同的权重加总，从两个维度构建了一个村庄法治强度指标放入模型中进行参数估计，以检验结果的一致性。

X_i为村庄层面可能影响流转市场合约约束力的一系列控制变量向量，ξ_i为随机扰动项。由于影响合约约束力的因素众多，本章的模型中将选择与合约履行相关的社会、经济、文化方面的变量，主要包括村人口流动与老龄化程度、收入水平、耕地资源禀赋、流转市场发育、宗族情况、宗教信仰等。本研究关注的关键变量为$Trust_i$和Law_i，预期$\beta_1 > 0$，$\beta_2 > 0$。$\beta_1 > 0$表明社会信任的提升对合约约束力有正向影响；$\beta_2 > 0$表明法治强度的提高对合约约束力有正向影响。

二、变量赋值

本章的数据来源于课题组开展的"粮食规模化生产情况"调查,采用的数据主要包括农户层面的人情与社会信任状况的数据,以及村庄层面的人口与经济特征、农地的特征与承包确权情况、农地流转与纠纷情况、宗族关系与人情、宗教信仰等方面的信息。

在问卷调查中,计量经济模型选择的变量的测度方式和问卷中问题的设定介绍如下。第一,被解释变量为合约约束力,选择村合约执行率ZXL_i和纠纷解决率LYL_i两个代理变量分别分析,变量赋值说明参照前文。第二,关键解释变量,包括社会信任和法治强度两个指标。其中,社会信任将通过农户问卷中"外出时放心把我的房子交给邻居照看"和"在村子里我仅愿意把钱借给我要好的朋友和亲戚"两个问题的回答情况,针对前者在村庄层面统计回答"同意"或"非常同意"的农户比例构建社会信任指标1,针对后者在村庄层面统计回答"不同意"或"完全不同意"的农户比例构建社会信任指标2。另外,将社会信任指标1和指标2用相同的权重加总构建社会信任标准化指数。法治强度将通过村庄问卷中"过去三年,县乡有没有下发过关于土地纠纷仲裁的红头文件"和"过去三年,县乡有没有专门组织过关于土地纠纷仲裁的会议",分别构建法治强度指标1和指标2,同时也将法治强度指标1和指标2用相同的权重加总构建法治强度标准化指数。第三,主要的控制变量,村人均收入用村庄问卷中"村年人均纯收入"测度;村外出务工比例用问卷中"本村劳动力在县外就业的比例"测度;老龄化程度用问卷中"村人口中60岁以上人口比例";受教育水平用村庄问卷中"初中学历劳动力占比(18岁以上有劳动能力)"测度;户均耕地面积用问卷中"村家庭承包耕地总面积"与"村内总的农户数量"的比值测度;耕地是否确权用问卷中"土地确权进展(未确权=1;量地=2;公示=3;颁证=4)"测度,选择3或4的表示已确权;流转协调用问卷中"村内土地流转是否必须经过村集体组织或协调(是=1;否=0)"测度;流转补贴用问卷中"政府对土地流转有没有补贴(有=1;没有=0)"测度;宗族情况用村庄问卷中"村里最大姓的农户占全村农户比例"测度;宗教信仰用村庄问卷中"有宗教信仰的农户数量"与"村内总的农户数量"的比值测度；区位条件用村庄问卷中"村委会离乡镇政府距离"测度；地形特征用村庄问卷中"村的地形特征（平原＝1；丘陵＝2；山地＝3）"设置地形虚拟变量；另外，为控制地区的差异，在模型中还设定了省份地区虚拟变量。计量经济模型的变量赋值及统计分析详见表8-1。

表8-1 模型的变量赋值与描述性统计分析

变量名称	变量设定与赋值	均值	标准差	最小值	最大值
合约执行率	（1-农地纠纷总件数/村农户总数量）×100％，单位：％	90.62	15.85	14.30	100
纠纷解决率	全部纠纷中已经解决的件数/农地纠纷总件数×100％，单位：％	55.64	33.61	0	100
社会信任指标1	放心把房子交给邻居看管的农户占比，单位：％	72.10	18.48	22.20	100
社会信任指标2	可以把钱借给非亲戚或朋友的农户占比，单位：％	17.03	15.58	0	75
社会信任	标准化指数，单位：％	88.99	20.85	33.30	150
法治强度指标1	近三年县乡有没有下发过关于土地纠纷仲裁的红头文件，有＝1，没有＝0	0.28	0.45	0	1
法治强度指标2	近三年县乡有没有专门组织过关于土地纠纷仲裁的会议，有＝1，没有＝0	0.39	0.49	0	1
法治强度	标准化指数，单位：％	0.67	0.78	0	2
村人均收入	村年人均纯收入，单位：元	10 562	7199	1200	38 000
村外出务工比例	本村劳动力在县外就业的比例，单位：％	40.05	25.98	1	100
老龄化程度	村人口中60岁以上人口比例，单位：％	25.08	9.63	8.10	65
受教育水平	初中学历劳动力占比，单位：％	49.87	19.51	2	96
户均耕地面积	村耕地承包总面积/总户数，单位：亩/户	6.96	8.49	0.50	42.50
是否确权	村耕地是否确权，是＝1，否＝0	0.87	0.34	0	1

变量名称		变量设定与赋值	均值	标准差	最小值	最大值
流转协调		耕地流转是否要村组织或协调，是 = 1，否 = 0	0.31	0.46	0	1
流转补贴		是否有耕地流转补贴，是 = 1，否 = 0	0.20	0.40	0	1
宗族情况		村内最大姓的农户数量占比，单位:%	35.30	22.03	2.90	98
区位条件		村委到县政府的距离，单位: 公里	4.84	5.07	0	45
宗教信仰		村内有宗教信仰的农户比例，单位:%	11.44	23.35	0	100
地形特征	丘陵	丘陵 = 1，其他 = 0	0.54	0.50	0	1
	山地	山地 = 1，其他 = 0	0.03	0.18	0	1

数据来源: 作者根据课题组"粮食规模化生产情况"调查数据统计整理。

三、变量的描述性统计

本节主要检验社会信任、法治强度与合约约束力的关联性。根据前文分析选择的社会信任与法治强度指标，分别分组统计村庄合约约束力的差异，并进行 t 检验，结果如表 8-2 所示。考虑到地区之间的经济发展与社会传统文化等差异明显，可能导致省份之间的合约约束力存在系统性差异，在社会信任指标分组统计时通过比较村庄与所在省份的该指标均值的大小，将村庄样本分为高于省均值组和低于省均值组，然后统计和检验不同样本组的合约约束力的差异。

比较结果显示: 无论是单项指标还是标准化指数，社会信任较高的村庄组的合约执行率和纠纷解决率均高于社会信任较低的村庄组。具体来看，社会信任指标 1"放心把房子交给邻居看管的农户比例"高于省均值组的村庄的合约执行率与纠纷解决率，分别比该比例低于省均值组的村庄高 7.5% 和7.4%，且分别在 1% 和 10% 的统计水平上显著，表明以村庄邻里关系体现出的社会信任越高的村庄，农地流转市场中的合约约束力越强。指标 2"在村里可以把钱借给非亲戚或朋友的农户比例"高于省均值组的村庄的合约执行率与纠纷解决率，分别比该比例低于省均值组的村庄高 2.7% 和 14.7%，后者在1% 的统计水平上显著，表明以借钱范围体现出的社会信任越高的村庄，农地流转市场中的合约约束力越强。邻里关系与借钱范围两个指标综合的社会信任标准化指数显示，高于省均值组的村庄的合约执行率与纠纷解决率，分别比该比例低于省均值组的村庄高 5.8% 和 9.7%，且分别在 10% 和 5% 的统计水平上显著，表明以标准化指数体现出的社会信任越高的村庄，农地流转市场中合约约束力越强。

表 8-2 社会信任、法治强度与合约约束力的关联性检验

指标分组			合约执行率（%）	纠纷解决率（%）
社会信任	指标1：放心把房子交给邻居看管的农户比例	高于本省均值组	94.3	59.3
		低于本省均值组	86.8	51.9
		t 检验值	2.73***	1.83*
	指标2：可以把钱借给非亲戚或朋友的农户比例	高于本省均值组	92.1	63.8
		低于本省均值组	89.4	49.1
		t 检验值	0.94	2.51***
	标准化指数	高于本省均值组	93.4	60.7
		低于本省均值组	87.6	51.0
		t 检验值	1.93*	2.04**
法治强度	指标1：近三年县乡有没有下发过关于土地纠纷仲裁的红头文件	有下发文件组	95.6	60.7
		无下发文件组	88.7	53.7
		t 检验值	2.24**	2.06**
	指标2：近三年县乡有没有专门组织过关于土地纠纷仲裁的会议	有仲裁会议组	93.3	60.6
		无仲裁会议组	88.9	52.4
		t 检验值	1.75*	1.36
	标准化指数	两项指标至少有一项	93.6	60.2
		两项指标均无	87.8	51.4
		t 检验值	2.12**	1.79*

注：*、**和***分别表示在 10%、5%和 1%的水平上显著。

数据来源：作者根据课题组"粮食规模化生产情况"调查数据统计整理。

在法治强度指标分组统计时，按照回答"有"与"无"将村庄样本分为两组，统计和检验不同样本组的合约约束力的差异。比较结果显示：无论是

单项指标还是标准化指数，法治强度较高的村庄组的合约执行率和纠纷解决率均高于法治强度较低的村庄组。具体来看：法治强度指标 1 中"下发过关于土地纠纷仲裁的红头文件"的村庄的合约执行率与纠纷解决率，分别比未下发过的村庄高 6.9% 和 7.0%，且均在 5% 的统计水平上显著，表明以法规文件体现出的法治强度越高的村庄，农地流转市场中的合约约束力越强。指标 2 中"专门组织过关于土地纠纷仲裁的会议"的村庄的合约执行率与纠纷解决率，分别比未组织过仲裁会议的村庄高 4.4% 和 8.2%，前者在 10% 的统计水平上显著，表明以法规执行体现出的法治强度越高的村庄，农地流转市场中的合约约束力越强。法规文件与执行两个指标综合的法治强度标准化指数显示，二者至少有一项的村庄的合约执行率与纠纷解决率，分别比两项均无的村庄的该指标高 5.8% 和 8.8%，且分别在 5% 和 10% 的统计水平上显著，表明以标准化指数体现出的法治强度越高的村庄，农地流转市场中的合约约束力越强。

综合以上社会信任、法治强度与合约约束力的关联性的统计与检验结果来看，社会信任和法治强度均与合约约束力呈正向相关，与前文的理论分析预期一致，而更准确的关系有待实证模型的进一步检验。

第二节 实证分析结果与讨论

一、标准化指数模型分析结果

表 8-3 汇报了社会信任、法治强度对合约约束力影响的标准化指数计量经济模型估计结果，其中，模型（8-1）为选择合约执行率作为合约约束力的代理变量的标准化指数计量经济模型的估计结果，模型（8-2）为选择纠纷解决率作为合约约束力的代理变量的标准化指数计量经济模型的估计结果。以上模型均采用最小二乘法的稳健性估计，结果显示，模型（8-1）和模型（8-2）拟合优度 F 检验统计值分别为 5.408 和 6.245，均在 1% 统计水平显著；模型回归的 R-squared 值分别为 0.378 和 0.328，表明模型的整体拟合程

度较好，且模型对被解释变量的解释程度较高。

模型（8-1）的回归结果显示：社会信任和法治强度的标准化指数均与合约执行率呈正向相关，即社会信任度与法治强度越高的地区，合约执行率越高，表明社会信任与法治强度能够强化农地流转市场的合约约束力。具体来看，当区域的社会信任标准化指数提高1%时，农地流转市场的合约执行率将提高0.140%，该参数估计在5%的统计水平上显著；与法治强度较低的区域相比，法治强度较高的区域的合约执行率高4.344%，且该参数估计在1%的统计水平上显著。模型（8-2）的回归结果显示：社会信任与法治强度的标准化指数与纠纷解决率呈正向相关，即社会信任度与法治强度越高的地区，纠纷解决率越高，表明社会信任与法治强度能够强化农地流转市场的合约约束力。具体来看，当区域的社会信任标准化指数提高1%时，农地流转市场的纠纷解决率将提高0.204%，该参数估计在10%的统计水平上显著；与法治强度较低的区域相比，法治强度较高的区域的纠纷解决率高8.529%，且该参数估计在5%的统计水平上显著。综合来看，无论是选择合约执行率还是纠纷解决率作为合约约束力的代理变量，都能证明社会信任与法治强度的提高能够增强农地流转市场中的合约约束力，以上分析结论验证了本书的研究假说三。

表8-3　社会信任、法治强度对合约约束力的影响（双标准化指数）

变量名称	合约执行率	纠纷解决率
	模型（8-1）	模型（8-2）
社会信任标准化指数	0.140**	0.204*
	(0.030)	(0.070)
法治强度标准化指数	4.344***	8.529**
	(0.005)	(0.029)
村人均收入	0.001*	0.001*
	(0.094)	(0.059)

续表

变量名称	合约执行率	纠纷解决率
	模型（8-1）	模型（8-2）
村外出务工比例	0.003	−0.164
	(0.950)	(0.235)
老龄化程度	−0.015	0.234
	(0.915)	(0.471)
受教育水平	0.100	0.172
	(0.187)	(0.228)
户均耕地面积	−0.859	−0.257
	(0.126)	(0.721)
是否确权	5.517**	8.891**
	(0.029)	(0.041)
流转协调	2.899	3.036
	(0.284)	(0.665)
流转补贴	5.538**	0.734
	(0.045)	(0.925)
宗族情况	−0.029	0.116
	(0.648)	(0.412)
区位条件	−0.209	−0.648
	(0.345)	(0.111)
宗教信仰	0.094**	0.114*
	(0.020)	(0.045)

变量名称	合约执行率	纠纷解决率
	模型（8-1）	模型（8-2）
地形特征（丘陵）	2.095	13.482
	(0.651)	(0.293)
地形特征（山地）	−13.072	−16.218
	(0.419)	(0.296)
地区虚拟变量	控制	控制
常数项	79.887***	12.103**
	(0.000)	(0.041)
观测值	128	128
R-squared	0.378	0.328
拟合优度 F 检验统计值	5.408	6.245

注：*、**和***分别表示在10%、5%和1%的水平上显著；括号内数字为估计系数统计检验的 p 值。

数据来源：作者根据课题组"粮食规模化生产情况"调查数据统计整理。

从以上模型的控制变量来看，变量"村人均收入"系数为正，且均在10%以上的统计水平上显著，表明与人均收入水平较低的村庄相比，人均收入水平高的村庄的合约约束力更强，即收入水平的提高能够改善农地流转市场的合约约束力强度；变量"是否确权"系数为正，且均在5%的统计水平上显著，表明与未完成耕地确权的地区相比，已确权村庄的耕地流转市场合约约束力更强，即耕地确权强化了农户的产权意识，从而提高了耕地农地流转合约的约束力；变量"宗教信仰"系数为正，且均在10%以上的统计水平上显著，表明有宗教信仰的农户占比的增加能够强化流转市场中合约约束力，原因一方面是宗教信仰能够增强人与人之间的信任程度，另一方面是有宗教信仰的农户能够按照教义约束自身行为，从而减少或降低流转市场中的违约行为或纠纷发生的可能性，以强化农地流转合约约束力。以上变量的参数估计结果与理论分析预期一致。除此之外，尽管部分控制变量的参数估计结果统计上并不显著，如"受教育水平""流转补贴""宗族情况""地形特征"等，但参数符号与理论预期相符。

二、稳健性检验

下一步将分别采用社会信任与法治强度指标替换社会信任与法治强度标准化指数分析其对合约约束力的影响，一方面以检验上述计量经济模型分析结果的稳健性，另一方面以比较不同社会信任与法治强度指标对合约约束力影响的差异。计量经济模型拟合结果如表8-4和表8-5所示。

表8-4汇报了采用社会信任指标替换社会信任标准化指数，分析社会信任、法治强度对合约约束力影响的计量经济模型估计结果，模型均采用最小二乘法的稳健性估计。其中，模型（8-3）、模型（8-4）分别为选择社会信任指标1与指标2替换社会信任标准化指数后，分析社会信任、法治强度对合约执行率的影响单标准化指数计量经济模型的估计结果，结果显示：模型（8-3）和模型（8-4）拟合优度F检验统计值分别为4.352和4.150，均达到了1%的统计显著水平；模型回归的R-squared值分别为0.369和0.352。模型（8-5）、模型（8-6）分别为选择社会信任指标1与指标2替换社会信任标准化指数后，分析社会信任、法治强度对纠纷解决率的影响单标准化指数计量经济模型的估计结果，结果显示模型（8-5）和模型（8-6）拟合优度F检验统计值分别为4.865和5.132，均达到了1%的统计显著水平；模型回归的R-squared值分别为0.315和0.329。以上参数表明模型的整体拟合程度较好，且模型对被解释变量的解释程度较高。

从选择合约执行率作为代理变量的回归结果来看，模型（8-3）和模型（8-4）显示，在控制法治强度的标准化指数时，社会信任指标1和指标2均与合约执行率呈正向相关，即社会信任度越高的地区合约执行率越高，表明社会信任能够强化农地流转市场的合约约束力。具体来看，村庄"放心把房子交给邻居看管的农户占比"提高1%时，农地流转市场的合约执行率将提高0.144%，且该参数估计在5%的统计水平上显著；村庄"可以把钱借给非亲戚或朋友的农户占比"提高 1% 时，农地流转市场的合约执行率将提高 0.084%。从选择纠纷解决率作为代理变量的回归结果来看，模型（8-5）和模型（8-6）显示，在控制法治强度的标准化指数时，社会信任指标 1 和指标 2 均与纠纷解决率呈正向相关，即社会信任度越高的地区纠纷解决率越高，表明社会信任能够强化农地流转市场的合约约束力。具体来看，村庄"放心把房子交给邻居看管的农户占比"或"可以把钱借给非亲戚或朋友的农户占比"提高 1% 时，农地流转市场的纠纷解决率将分别提高 0.085% 和 0.3%，且参数均在 10% 的统计水平上显著。模型（8-3）至模型（8-6）的回归结果中，法治强度标准化指数的参数估计结果具有高度的一致性，与合约执行率和纠纷解决率均呈正向相关关系，且均在 5% 及以上的统计水平显著。

表 8-4　社会信任、法治强度对合约约束力的影响（法治强度标准化）

变量名称	合约执行率		纠纷解决率	
	模型（8-3）	模型（8-4）	模型（8-5）	模型（8-6）
社会信任指标				
指标 1：放心把房子交给邻居看管的农户占比	0.144**	—	0.085*	—
	(0.033)	—	(0.082)	—
指标 2：可以把钱借给非亲戚或朋友的农户占比	—	0.084	—	0.300*
	—	(0.137)	—	(0.066)
法治强度指标				
标准化指数	4.259***	4.635***	8.691**	9.050**
	(0.006)	(0.004)	(0.026)	(0.021)
控制变量				
村人均收入	0.001*	0.001*	0.001*	0.001*
	(0.073)	(0.086)	(0.062)	(0.065)

续表

变量名称	合约执行率		纠纷解决率	
	模型（8-3）	模型（8-4）	模型（8-5）	模型（8-6）
村外出务工比例	-0.012	-0.012	-0.193	-0.167
	(0.826)	(0.822)	(0.159)	(0.213)
老龄化程度	-0.048	-0.050	0.166	0.225
	(0.738)	(0.727)	(0.614)	(0.478)
受教育水平	0.101	0.103	0.176	0.175
	(0.174)	(0.184)	(0.225)	(0.228)
户均耕地面积	-0.873	-0.867	-0.279	-0.251
	(0.128)	(0.140)	(0.704)	(0.733)
是否确权	4.972**	5.772**	8.514**	9.940**
	(0.026)	(0.022)	(0.043)	(0.035)
流转协调	3.513	2.840	3.661	2.179
	(0.203)	(0.284)	(0.605)	(0.760)
流转补贴	4.844*	6.747**	1.031	3.327
	(0.070)	(0.020)	(0.900)	(0.671)
宗族情况	-0.018	-0.034	0.125	0.096
	(0.790)	(0.622)	(0.397)	(0.492)
区位条件	-0.194	-0.251	-0.668	-0.726*
	(0.388)	(0.298)	(0.107)	(0.089)
宗教信仰	0.096**	0.089**	0.111*	0.104*
	(0.024)	(0.019)	(0.062)	(0.053)

续表

变量名称	合约执行率		纠纷解决率	
	模型（8-3）	模型（8-4）	模型（8-5）	模型（8-6）
地形特征（丘陵）	1.495	3.913	14.416	16.824
	(0.743)	(0.389)	(0.267)	(0.181)
地形特征（山地）	−12.671	−12.192	−15.003	−15.471
	(0.431)	(0.477)	(0.352)	(0.360)
地区虚拟变量	控制	控制	控制	控制
常数项	84.411***	91.482***	27.273**	22.895**
	(0.000)	(0.000)	(0.027)	(0.032)
观测值	128	128	128	128
R-squared	0.369	0.352	0.315	0.329
拟合优度 F 检验统计值	4.352	4.150	4.865	5.132

注：*、**和***分别表示在10%、5%和1%的水平上显著；括号内数字为估计系数统计检验的 p 值。

数据来源：作者根据课题组"粮食规模化生产情况"调查数据统计整理。

接下来将进一步分析采用法治强度指标替换法治强度标准化指数的模型回归结果，如表8-5所示。模型均采用最小二乘法的稳健性估计。其中，模型（8-7）、模型（8-8）分别为选择法治强度指标 1 与指标 2 替换法治强度标准化指数后，分析社会信任、法治强度对合约执行率的影响单标准化指数计量经济模型的估计结果，结果显示：模型（8-7）和模型（8-8）拟合优度 F 检验统计值分别为 4.290 和 4.366，均达到了 1% 的统计显著水平；模型回归的 R-squared 值分别为 0.357 和 0.373。模型（8-9）、模型（8-10）分别为选择法治强度指标 1 与指标 2 替换法治强度标准化指数后，分析社会信任、法治强度对纠纷解决率的影响单标准化指数计量经济模型的估计结果，结果显示：模型（8-9）和模型（8-10）拟合优度 F 检验统计值分别为 5.002 和

5.122，均达到了 1% 的统计显著水平；模型回归的 R-squared 值分别为 0.306 和 0.332。以上参数表明模型整体拟合程度较好，且模型对被解释变量的解释程度较高。

从选择合约执行率作为代理变量的回归结果来看，模型（8-7）和模型（8-8）显示，在控制社会信任标准化指数时，法治强度指标 1 和指标 2 均与合约执行率呈正向相关，即法治强度越高的地区合约执行率越高，表明法治强度能够强化农地流转市场的合约约束力。具体来看，"近三年县乡下发过关于土地纠纷仲裁的红头文件"村庄的流转市场的合约执行率比没有下发文件的村庄高 4.908%；"近三年县乡专门组织过关于土地纠纷仲裁的会议"村庄的农地流转市场的合约执行率比没有组织仲裁会议的村庄高 6.442%，且该参数估计均在 5% 的统计水平上显著。从选择纠纷解决率作为代理变量的回归结果来看，模型（8-9）和模型（8-10）显示，在控制社会信任标准化指数时，法治强度指标 1 和指标 2 均与纠纷解决率呈正向相关，即法治强度越高的地区纠纷解决率越高，表明法治强度能够强化农地流转市场的合约约束力。具体来看，"近三年县乡下发过关于土地纠纷仲裁的红头文件"村庄的流转市场的纠纷解决率比没有下发文件的村庄高 7.839%；"近三年县乡专门组织过关于土地纠纷仲裁的会议"村庄的农地流转市场的合约执行率比没有组织仲裁会议的村庄高 14.246%，且该参数在 5% 的统计水平上显著。模型（8-7）至模型（8-10）的回归结果中，社会信任标准化指数的参数估计结果具有高度的一致性，与合约执行率和纠纷解决率均呈正向相关关系，且均在 10% 及以上的统计水平显著。

表 8-5 社会信任、法治强度对合约约束力的影响（社会信任标准化）

变量名称	合约执行率		纠纷解决率	
	模型（8-7）	模型（8-8）	模型（8-9）	模型（8-10）
法治强度指标				
指标 1：近三年县乡有没有下发过关于土地纠纷仲裁的红头文件	4.908**	—	7.839	—
	(0.029)	—	(0.127)	—

续表

变量名称	合约执行率		纠纷解决率	
	模型（8-7）	模型（8-8）	模型（8-9）	模型（8-10）
指标2：近三年县乡有没有专门组织过关于土地纠纷仲裁的会议	—	6.442**	—	14.246**
	—	(0.015)	—	(0.018)
社会信任指标				
标准化指数	0.134**	0.156**	0.197*	0.238**
	(0.049)	(0.016)	(0.063)	(0.032)
控制变量				
村人均收入	0.001*	0.001*	0.001	0.001*
	(0.076)	(0.089)	(0.115)	(0.064)
村外出务工比例	0.008	0.010	−0.151	−0.152
	(0.892)	(0.847)	(0.281)	(0.257)
老龄化程度	−0.008	−0.004	0.254	0.252
	(0.956)	(0.977)	(0.451)	(0.423)
受教育水平	0.098	0.098	0.166	0.170
	(0.220)	(0.189)	(0.259)	(0.228)
户均耕地面积	−0.910	−0.850	−0.363	−0.219
	(0.118)	(0.125)	(0.631)	(0.758)
是否确权	6.010*	5.507	9.961*	8.679**
	(0.090)	(0.106)	(0.061)	(0.041)
流转协调	3.097	3.123	3.565	3.386
	(0.250)	(0.247)	(0.614)	(0.627)

续表

变量名称	合约执行率		纠纷解决率	
	模型（8-7）	模型（8-8）	模型（8-9）	模型（8-10）
流转补贴	5.701**	5.694**	1.159	0.968
	(0.045)	(0.041)	(0.883)	(0.899)
宗族情况	-0.027	-0.022	0.123	0.128
	(0.668)	(0.720)	(0.388)	(0.367)
区位条件	-0.189	-0.226	-0.613	-0.688
	(0.385)	(0.328)	(0.121)	(0.119)
宗教信仰	0.077**	0.105**	0.081*	0.141**
	(0.045)	(0.012)	(0.052)	(0.013)
地形特征（丘陵）	1.830	1.992	12.859	13.388
	(0.701)	(0.648)	(0.324)	(0.283)
地形特征（山地）	-14.186	-13.500	-18.831	-16.599
	(0.363)	(0.417)	(0.213)	(0.309)
地区虚拟变量	控制	控制	控制	控制
常数项	83.628***	77.908***	19.373**	6.850***
	(0.000)	(0.000)	(0.046)	(0.007)
观测值	128	128	128	128
R-squared	0.357	0.373	0.306	0.332
拟合优度 F 检验统计值	4.290	4.366	5.002	5.122

注：*、**和***分别表示在10%、5%和1%的水平上显著；括号内数字为估计系数统计检验的 p 值。

数据来源：作者根据课题组"粮食规模化生产情况"调查数据统计整理。

模型（8-3）至模型（8-10）回归结果中，控制变量"村人均收入""是否确权""宗教信仰"系数均为正，且在10%以上的统计水平显著，表明其均与农地流转市场的合约约束力有正向相关关系，以上变量的参数估计结果与理论分析预期一致，在不同模型的估计结果中具有高度的一致性。除此之外，尽管部分控制变量的参数估计结果统计上并不显著，如"受教育水平""流转补贴""地形特征"等，但参数的符号与理论预期相符。

综上所述，无论是采用社会信任指标替代社会信任标准化指数，还是采用法治强度指标替代法治强度标准化指数，分析社会信任与法治强度对合约约束力影响的模型回归结果都具有高度的一致性，均表明社会信任与法治强度的提高能够增强农地流转市场中的合约约束力，检验了前文分析结果的稳健性的同时，进一步验证了本书的研究假说四。

第三节　本章小结

随着要素市场化的发展，农村劳动力的持续转移打破了传统"熟人社会"乡村治理模式，社会信任的衰退与法治建设的不完善影响了乡村治理中的履约环境，削弱了流转市场中合约约束力进而影响农地流转合约的履行。本章利用4省16县128村的村庄调查数据，构建了社会信任与法治强度标准化指数，实证分析社会信任与法治强度对流转市场合约约束力的影响，并分别采用社会信任与法治强度指标替换标准化指数进行稳健性检验。主要有以下两点结论：

第一，社会信任的提高对农地流转市场的合约约束力有强化作用。以村庄的邻里关系和借贷关系体现的社会信任对农地流转市场的合约约束力具有显著的影响，即社会信任高的区域的合约执行率与纠纷解决率均相对较高。在要素市场化的发展进程中，农业劳动力的转移削弱了乡村"熟人社会"中基于人与人长期互动形成的社会信任，降低了流转市场农地交易违约的隐性成本，从而弱化了农地流转市场的合约约束力。

第二，法治强度的提高对农地流转市场的合约约束力有强化作用。以法规制度和法规执行体现的法治强度对农地流转市场的合约约束力具有显著的影响，即法治强度高的区域的合约执行率与纠纷解决率均相对较高。在现代法治社会建设过程中，受法规制度不完善、执法机构不健全等因素的影响，执法周期长或执法不完全提高了流转市场农地交易违约行为的索赔成本，违约者得不到惩戒、被违约者得不到补偿相当于变相"鼓励"违约，削弱了农地流转市场的合约约束力。

　　根据研究结论，本章提出以下建议：第一，健全乡村社会治理中的法治建设。一方面，健全与农地产权制度等相关法律法规，合理诠释法律法规中可能存在的适用性冲突；另一方面，完善与承包地经营权相关联的公证、仲裁等机构，强化纠纷协调处理服务功能，提高执行效率的同时降低追责成本，有效保障和维护农户的合法权益。同时，加强农地法规和政策的宣传教育，强化农户的产权与法律意识。第二，充分认识乡村社会变迁的地区差异，引导乡村治理的因地制宜。无论是以道德、惯例、风俗、村规民约等为代表的非正式的制度，还是以法律、规定、条例等为代表的正式的制度，都是处理利益与资源的紧张关系而存在的社会规范，均是影响要素市场化契约环境的重要因素。随着要素市场化的发展，非正式制度的弱化将成为必然趋势，正式制度在乡村治理中逐渐发挥主导作用，但由于地区之间发展速度的差异与不平衡，在处理乡村治理中正式制度与非正式制度的关系时需要因地制宜。

第九章
研究结论与政策建议

理论与文献多认为农地经营权稳定能激励农户增加农业基础设施和机械投资，然而近年来随着我国农地流转市场的迅速发展，农地流转合约的"规范化"程度不断提高，农业生产投资却增长滞缓。针对这一现实问题，本研究尝试将合约约束力引入合约安排对农户投资决策影响的分析框架，揭示农地流转合约稳定性对农户农业生产投资影响中合约约束力的作用机制，并进一步分析合约约束力对流转市场合约结构的影响，提出在资源配置方面的建议。同时，结合要素市场化的发展，分析社会信任与法治强度对合约约束力的影响，从而分析要素市场化发展与社会信任、法治强度之间的联系。

第一节　研究主要结论

按照现代产权理论，清晰的产权制度安排是实现市场资源交易与最佳配置的前提，这一制度本质上是人们之间实施一定行为的权利约定。当产权界限不清的时候，各种摩擦和障碍会影响经济主体行为和资源配置结果（洪银兴，2018；仇童伟等，2018）。农地市场与土地流转同样如此，清晰界定流转土地主体的经济权利至关重要，包括法律界定与合约约定的权利，是保证农地资源有效配置和农户土地高效利用行为的前提。但事实上，现代产权理论认为产权明晰并能保证资源配置最佳并不仅仅要求产权界定满足明晰性、专有性和可转让性等要求，还要求产权界定具有可操作性。而这一点恰恰是多数实证研究忽视或重视不够的地方。既有研究大多只考虑合约租金、类型与期限等条款对农地流转配置和农户土地投资行为的影响，假定合约条款都是可以完全执行的，忽略了现实中履约环境和合约约束力对合约可操作性与可执行性的影响，这可能使得农地流转的合约稳定性不足，其作为农地经营权稳定性的重要内容会影响市场中的要素利用与资源配置。

本研究重点关注农地流转中的合约履约问题，将合约约束力引入合约安排与农业生产投资的分析框架中，修正传统研究中仅从合约类型与期限来研究经营权稳定性的模式，探讨农地流转合约稳定性对农业生产投资的影响以揭示抑制农户投资的原因。书中选取黑龙江、河南、浙江和四川4省的农户抽样调查数据，利用投资决策模型实证检验合约安排、合约约束力对农地转入户的农业基础建设和机械投资的影响。在此基础上，比较在不同合约约束力的条件下农户选择不同类型与期限的合约收益的差异，以及不同合约类型与期限的农地转入户特征及农业生产方式的差异，进而分析合约约束力对流转市场合约结构的影响并提出其在资源配置方面的建议。主要有以下六点结论。

第一，流转市场中的书面与长期合约对转入户的农业生产投资具有激励效应，但会受到合约约束力的制约。实证结果显示：在不考虑合约约束力时，书面合约与长期合约的参数为正且显著，表明农地流转中签订书面、长期合约的农户的基础设施投资和农业机械投资的可能性更高；但在控制合约约束力时，书面合约与长期合约的参数不再显著。无论是选择合约执行率还是纠纷解决率作为合约约束力的代理变量，比较合约类型、合约期限及其与合约约束力的交叉项的系数都表明，在合约约束力较强的区域，流转中签订书面合约和长期合约的农户更有可能进行农业生产投资，即合约约束力不足会影响签订书面与长期的合约的稳定性，削弱其对转入户农业生产投资的激励效应。

第二，合约约束力不足对农地流转市场中合约的规范化具有抑制作用，合约约束力越弱的区域，选择书面合约和长期合约流转农地的面积占比越低。合约约束力不足会削弱书面合约下农地权益的稳定性，引致更多的转出户选择口头合约。实证分析结果也显示：无论是选择合约执行率还是纠纷解决率作为合约约束力的代理变量，都能证明合约约束力越弱的地区，流转市场中书面合约和长期合约的农地面积占比越低。

第三，合约约束力是影响农地流转市场的资源配置效率的重要因素。比较不同合约类型与期限的农地转入户特征及农业生产方式的差异，结果显示：

合约约束力的强化有助于提高流转市场中流向人力资本高、资源禀赋充足、经营能力强、生产投入积极的农户的农地比例，从而提升农地流转市场的资源配置效率。

第四，良好的合约约束力强化了农地流转市场发育对农地规模经营的促进作用，且有助于规模经营的稳定性。农地流转合约约束力显著促进了农地规模经营的发展，无论是选择合约执行率还是纠纷解决率测度流转合约约束力，都能证明约束力更强区域的农地规模经营程度更高，意味着合约约束力是农地流转促进农地规模经营发展的基础。同时，在合约约束力更强村庄的农地规模户减小或退出经营的概率显著更低，且规模户经营农地面积减少的比例也更小，即在合约执行率高和纠纷解决率高的地区，规模户的农业经营稳定性更强，意味着良好的合约约束力是保障农地规模经营稳定性的重要条件。在要素市场化的背景下，改善要素交易的履约环境强化合约约束力，有助于保障规模户的经营稳定性从而促进农地规模经营的发展，对于促进农业现代化发展具有重要意义。

第五，社会信任度降低会弱化农地流转市场的合约约束力。实证分析结果显示，以村庄的邻里关系和借贷关系体现的社会信任对农地流转市场的合约约束力具有显著的影响，即社会信任不足的区域的合约执行率与纠纷解决率均相对较低。在要素市场化的发展进程中，农业劳动力的转移削弱了乡村"熟人社会"中基于人与人长期互动形成的社会信任，降低了流转市场农地交易违约的隐性成本，从而弱化了农地流转市场的合约约束力。

第六，提升法治强度能强化农地流转市场的合约约束力。实证分析结果显示，以法规制度和法规执行体现的法治强度对农地流转市场的合约约束力具有显著的影响，即法治强度高的区域的合约执行率与纠纷解决率均相对较高。在现代法治社会建设过程中，受法规制度不完善、执法机构不健全等因素的影响，执法周期长或执法不完全提高了流转市场农地交易违约行为的索赔成本，违约者得不到惩戒、被违约者得不到补偿相当于变相"鼓励"违约，削弱了农地流转市场的合约约束力。

第二节 政策启示与建议

在要素市场化的背景下，农地流转市场的迅速扩大为农业现代化发展创造了条件，如何激励农地转入户积极开展农业生产投资，对于提升农业生产效率和实现农地流资源高效配置具有重要的现实意义。本书的研究结论有助于理解当前"流转市场合约呈现规范化趋势，但转入户投资不足"的现实问题，认识要素市场化背景下乡村社会发展与农地流转市场、农地资源利用之间的内在关联与影响机制。结合主要的研究结论，本研究提出的政策建议包括以下五方面。

第一，加强农地流转市场的监督与管理，强化流转纠纷的服务与调解能力。本研究的经验证据表明，农地流转合约稳定性是保障农户农业生产投资收益的关键，而农地合约的执行离不开规范的农地流转方式和有效的合约约束力，针对这两方面提出如下建议：在规范农地流转方式方面，构建农地流转信息收集、发布和交易平台，制定统一规范的合同示范文本，明确合约的权利、义务以及违约责任；尤其是针对大宗农地流转构建备案机制，强化村集体组织作为发包方的监管作用，严格防范风险。在提升合约约束力方面，完善与承包地经营权相关联的公证、仲裁等机构，强化纠纷协调处理服务功能和调解能力，提高执行效率的同时降低追责成本，从而强化流转市场合约约束力，维护和保障农地流转市场参与方合法的农地权益。无论是对于提升流转市场的农地资源配置效率和保障农民基本权益，还是激励农业生产投资和提高农业生产效率均具有积极作用。

第二，重视乡村振兴中的法治建设和宣传，强化农户的产权与法律意识。随着要素市场化的发展，传统农业经济结构和乡村道德共同体的不断分化，法治作为一种象征国家正式力量的话语、实践，在社会秩序维护和纠纷解决中的作用开始上升并逐渐成为规范人际关系和利益冲突的主导性力量，乡村法治建设应该成为乡村振兴中的一项基础性工程。结合农地市场来看，国家法治在维系农地流转合约履行中发挥着主导作用，但不同法律法规存在一定的适用性冲突，实施过程中也会出现过度的行政干预等。因而，建议进一步健全与农地产权制度等相关法律法规，合理诠释法律法规中可能存在的适用性冲突，弱化政府在农地流转市场资源配置中的行政干预作用。除此之外，还需要加强农地相关法律法规的宣传，通过形式多样的宣传与教育，引导农户熟悉和理解农地产权法律安排、流转合同形式与内容、纠纷处理方式与流程等，逐步强化农户对农地产权认识和法律意识。不仅有助于提高农户对农地流转合同重要性的认知，从而促进农地流转市场的规范化发展；而且能够提升农户利用法律保障自身合法权益的意识和能力，减少乡村农地纠纷产生的社会矛盾与冲突的同时，维护农民最基本的农地权益。

第三，改善乡村治理的能力与水平，建立健全村规民约监督和奖惩机制，培育和提高乡村社会信任。农村人口的大量频繁流动，不仅打破了原有的乡村社会格局，而且在一定程度上消解了家族伦理、社会习俗和道德观念等传统要素的治理功能，对于现代乡村治理和农地流转市场的资源配置均存在负面的影响。因此，建议积极推进乡风文明培育行动，建立和健全村规民约及监督与奖惩机制，以改善乡村治理的能力与水平。一方面，加强农民的诚信与道德教育，广泛开展乡村道德模范和文明新风评议活动，发挥道德模范引领作用，增强和提高村民的诚信意识与道德情操；另一方面，注重运用舆论与道德力量监督村规民约的实施，在法律法规框架内村民自治，对违背村规民约的行为进行合情合理的规劝和约束。充分认识社会信任这一非正式制度在乡村治理中的重要作用，培育乡村民众之间的社会信任，不仅能够提升乡村治理的能力和水平，还有助于构建良好的乡村履约环境，降低交易成本并提高要素市场化配置效率。

第四，创新农业生产投资激励机制，提高政策补贴力度以提升农业生产投资水平。随着农地流转市场的迅速发展，集中规模经营将成为农业发展的趋势，在此背景下除了规范农地流转和构建良好的履约环境以保障转入户农地合约稳定性激励农户投资外，创新激励机制也是促进农户进行农业生产投资的重要途径。例如，开展多种形式的金融帮扶，建立乡村信用评价体系，鼓励金融机构提供农地投资专项信用贷款服务，降低农户农业生产投资的融资成本；开发以农地经营权担保或抵押融资模式，缓解转入户农业生产投资面临的资本约束；积极引入多元主体参与农业生产投资，探索"收益共享、风险共担"的合作投资模式。尤其是基础设施脆弱、自然灾害频发、资源禀赋差的地区，对农业生产投资的需求强且投资数量大，政府可适当加大政策补贴力度或政策倾斜，激励农户进行农业生产投资，以提升农业生产投资水平和生产效率。

第五，在推动农地规模经营与农业现代化的进程中，注重构建和维护良好的市场秩序与履约环境。随着全国统一大市场的推进，良好的市场秩序与履约环境是发挥市场机制提升资源配置效率的重要保障。结合农地市场发展来看，完善与承包地经营权相关联的公证、仲裁等制度与机构，强化纠纷协调处理服务功能和调解能力，提高执行效率的同时降低追责成本，强化流转市场合约约束力以构建良好的履约环境，从而维护和保障农地流转市场参与方合法的农地权益。无论对于保障农民的农地权益和提升资源配置效率，还是激励规模户的农业生产投资和推动农业现代化发展，均具有积极作用。

第三节　研究展望

本研究尝试将合约约束力引入合约安排与农户投资决策的分析框架，从合约履约角度阐释既有文献传统认为的产权稳定性的不足，进而探讨合约约束力对农地转入户农业生产投资的影响与机制。然而，现实情况远比本研究设定的情境复杂，由于笔者研究能力、精力有限，关于要素市场化背景下的合约约束力仍有许多问题值得研究和探索。

第一，合约约束力对农地承包权与农地流转市场发展的影响。本研究的分析并未涉及合约约束力对农地承包权稳定性的影响，尽管近年来在全国范围内开展的新一轮农地确权、颁证，通过四至清晰、确权到户的方式明确了承包权，农地承包权稳定有了明确的法律保障。但不排除部分地区存在调地的传统，确权不确地，或确权、确股不确地，导致部分地区仍然存在农地承包权不稳定的现象。那么，合约约束力对农地承包权和农地流转市场的发展存在怎样的影响，这是往后研究中值得关注的问题。

第二，农户的异质性是否会影响合约约束力。关于合约履行的合约约束力涉及的内容十分广泛，不仅受到是否有相关法律条文可以参照，以及是否有相关机构协助解决问题的影响，还会受到解决纠纷的时间成本、货币成本、人情成本等众多因素的影响，而后者往往具有不确定性、长期性和隐蔽性，当违约索赔的成本较高时被违约方可能主动放弃索赔。在现实中，由于农户的法律意识、社会网络关系、社会资本、时间机会成本等方面存在差异，不同农户面临的不同索赔成本可能导致农户行为的差异，进而表现为合约约束力的差异。

　　第三，在乡村社会中改善契约环境与增强合约约束力是否能够提高社会整体福利。本研究在分析中提到完善法律制度和健全执法机构，能够改善市场经济的履约环境，然而无论是法律条文制定与实施，还是相关执法机构运行与健全，都无疑会增加政府执行成本。在我国乡村分布广阔且区域之间差异明显，比较执行成本与其收益或许是政府在完善乡村治理的法治建设中不得不考虑的因素。从社会整体角度来看，改善乡村发展中的契约环境是否能够提高社会整体福利，需要从多个维度综合分析。

附录

附表 1 规模户样本变量的描述性统计

变量名称	变量赋值	样本量	均值	标准差
基础设施投资	转入土地后是否对农田基础设施投资,是=1,否=0	433	0.23	0.42
机械投资额	转入耕地后的机械投资总金额,单位:千元	433	44.58	63.37
亩均机械投资额	转入耕地后的亩均机械投资金额,单位:元/亩	433	581.30	1325
高机械投资额	转入耕地后的机械总投资是否超过省中值,是=1,否=0	433	0.52	0.50
高亩均机械投资额	转入耕地后机械的亩均投资金额是否超过省中值,是=1,否=0	433	0.42	0.49
超万元的机械投资	转入耕地后是否有购置单件超过10000元的机械,是=1,否=0	433	0.35	0.48
超五千元机械投资	转入耕地后是否有购置单件超过5000元的机械,是=1,否=0	433	0.44	0.50
合约执行率虚拟变量	村庄合约执行率是否超过省中值,是=1,否=0	433	0.54	0.50
纠纷解决率虚拟变量	村庄纠纷解决率是否超过省中值,是=1,否=0	433	0.53	0.50
合约类型	转入面积最大地块的合约形式,书面=1,口头=0	433	0.42	0.49
合约期限	农户转入面积最大地块的合约期限,单位:年	433	4.83	5.54
经营面积	家庭种植耕地的面积,单位:亩	433	201.30	680.20
户主年龄	转入耕地时户主的年龄,单位:岁	433	47.45	10.34
受教育程度	户主上了多少年的学,单位:年	433	7.30	3.17

续表

变量名称		变量赋值	样本量	均值	标准差
种地经验		转入耕地时户主种了多少年的地，单位：年	433	23.57	12.71
家庭房产价值		2014年家庭房产价值，单位：万元	433	182.00	183.60
灌溉面积占比		村庄可以灌溉的耕地面积占比，单位：%	433	72.03	32.37
村人均耕地面积		村耕地承包总面积/总人口数量，单位：亩/人	433	3.87	4.96
村农地流转比例		村农地流转面积/村耕地总面积×100%，单位：%	433	45.97	22.12
流转补贴		是否有农地流转补贴，是=1，否=0	433	0.13	0.34
机械购置补贴		过去六年是否都有机械购置补贴，是=1，否=0	433	0.95	0.21
纠纷仲裁文件		过去三年县乡有没有下发过关于土地纠纷仲裁红头文件，有=1，没有=0	433	0.30	0.46
纠纷仲裁会议		过去三年县乡有没有专门组织过土地纠纷仲裁会议，有=1，没有=0	433	0.44	0.50
雇工工资		农忙时雇工工资，单位：元/天	433	113.30	42.46
受灾情况		过去六年受自然灾害且减产超过10%的年份占比，单位：%	433	0.29	0.31
区位条件		到县政府的距离，单位：公里	433	5.18	4.93
地形特征	丘陵	丘陵=1，其他=0	433	0.38	0.49
	山地	山地=1，其他=0	433	0.07	0.25

数据来源：作者根据课题组"粮食规模化生产情况"调查中规模户的数据统计整理。

附表 2　合约安排、合约约束力对规模户的基础设施投资的影响

变量	不控制合约约束力		控制合约执行率		控制纠纷解决率	
	Probit	边际效应	Probit	边际效应	Probit	边际效应
合约类型	0.397**	0.096**	0.409	0.100	0.076	0.021
	(0.021)	(0.021)	(0.164)	(0.152)	(0.163)	(0.178)
合约期限	0.015***	0.004***	0.007	0.002	0.030	0.008
	(0.002)	(0.003)	(0.730)	(0.710)	(0.109)	(0.183)
合约类型×合约执行率虚拟变量	—	—	0.011*	0.004**	—	—
	—	—	(0.065)	(0.047)	—	—
合约期限×合约执行率虚拟变量	—	—	0.014**	0.014**	—	—
	—	—	(0.048)	(0.037)	—	—
合约类型×纠纷解决率虚拟变量	—	—	—	—	0.742***	0.180***
	—	—	—	—	(0.007)	(0.005)
合约期限×纠纷解决率虚拟变量	—	—	—	—	0.018*	0.005*
	—	—	—	—	(0.067)	(0.054)
经营面积	0.002***	0.000***	0.002***	0.000***	0.002***	0.000***
	(0.000)	(0.000)	(0.000)	(0.000)	(0.000)	(0.000)
户主年龄	0.003	0.001	0.003	0.001	0.005	0.001
	(0.760)	(0.732)	(0.766)	(0.741)	(0.644)	(0.619)
户主受教育程度	0.029	0.007	0.030	0.007	0.029	0.007
	(0.292)	(0.285)	(0.277)	(0.270)	(0.282)	(0.276)

变量	不控制合约约束力		控制合约执行率		控制纠纷解决率	
	Probit	边际效应	Probit	边际效应	Probit	边际效应
户主农业经验	−0.015*	−0.004*	−0.015*	−0.004*	−0.017**	−0.004**
	(0.056)	(0.054)	(0.056)	(0.054)	(0.036)	(0.033)
家庭房产价值	0.000	0.000	0.000	0.000	0.000	0.000
	(0.449)	(0.436)	(0.446)	(0.432)	(0.543)	(0.537)
灌溉耕地面积占比	0.004	0.001	0.004	0.001	0.006*	0.001*
	(0.135)	(0.132)	(0.130)	(0.124)	(0.061)	(0.057)
机械补贴	0.013	0.003	0.023	0.005	0.137	0.033
	(0.973)	(0.970)	(0.953)	(0.957)	(0.733)	(0.730)
雇工工资	0.005**	0.001**	0.005**	0.001**	0.005**	0.001**
	(0.026)	(0.024)	(0.031)	(0.028)	(0.023)	(0.021)
村委到乡镇政府距离	−0.008	−0.002	−0.008	−0.002	−0.007	−0.002
	(0.651)	(0.656)	(0.666)	(0.672)	(0.676)	(0.678)
自然灾害情况	0.058	0.014	0.033	0.008	−0.053	0.014
	(0.836)	(0.843)	(0.907)	(0.913)	(0.855)	(0.843)
丘陵（参照"平原"）	−0.170	−0.041	−0.171	−0.042	−0.114	−0.027
	(0.497)	(0.493)	(0.497)	(0.490)	(0.654)	(0.642)
山地（参照"平原"）	−0.159	−0.039	−0.129	−0.032	−0.086	−0.02
	(0.670)	(0.652)	(0.734)	(0.723)	(0.824)	(0.804)

续表

变量	不控制合约约束力		控制合约执行率		控制纠纷解决率	
	Probit	边际效应	Probit	边际效应	Probit	边际效应
省虚拟变量	控制	控制	控制	控制	控制	控制
常数项	-2.239***	—	-2.250***	—	-2.518***	—
	(0.004)	—	(0.004)	—	(0.002)	—
观测值	433	433	433	433	433	433
LR chi2	83.01	—	83.48	—	91.40	—

注：*、**和***分别表示在10%、5%和1%的水平上显著；括号内数字为估计系数统计检验的 p 值。

数据来源：作者根据课题组"粮食规模化生产情况"调查数据统计整理。

附表3 合约安排、合约约束力对规模户的机械投资额与亩均投资额的影响

变量	机械投资额			亩均机械投资额		
合约类型	15.02***	8.97	5.04	481.18**	263.63	114.68
	(0.002)	(0.146)	(0.452)	(0.012)	(0.187)	(0.598)
合约期限	0.63**	0.58	0.18	39.67***	32.61	29.08*
	(0.015)	(0.235)	(0.747)	(0.002)	(0.241)	(0.099)
合约类型×合约执行率虚拟变量	—	12.22*	—	—	444.16*	—
	—	(0.074)	—	—	(0.076)	—
合约期限×合约执行率虚拟变量	—	0.12	—	—	14.23	—
	—	(0.108)	—	—	(0.131)	—
合约类型×纠纷解决率虚拟变量	—	—	16.97**	—	—	620.64
	—	—	(0.032)	—	—	(0.115)
合约期限×纠纷解决率虚拟变量	—	—	0.68	—	—	15.85*
	—	—	(0.103)	—	—	(0.093)
经营面积	0.01**	0.01***	0.01***	−0.29**	−0.28**	−0.26**
	(0.011)	(0.009)	(0.006)	(0.016)	(0.019)	(0.029)
户主年龄	0.04	0.07	0.06	−1.37	−0.51	−0.70
	(0.876)	(0.809)	(0.810)	(0.876)	(0.954)	(0.936)
户主受教育程度	0.19	0.22	0.21	1.04	2.67	1.69
	(0.788)	(0.756)	(0.766)	(0.963)	(0.906)	(0.940)

续表

变量	机械投资额			亩均机械投资额		
户主农业经验	−0.31	−0.32	−0.33	10.84	10.54	10.26
	(0.138)	(0.126)	(0.116)	(0.111)	(0.121)	(0.130)
家庭房产价值	−0.01	−0.01	−0.01	−0.19	−0.18	−0.20
	(0.548)	(0.557)	(0.536)	(0.656)	(0.674)	(0.638)
灌溉耕地面积占比	0.07	0.06	0.07	5.35**	5.39**	5.74**
	(0.403)	(0.408)	(0.338)	(0.035)	(0.034)	(0.024)
机械补贴	3.89***	2.77***	3.64***	322.69	411.93	370.33
	(0.004)	(0.007)	(0.005)	(0.362)	(0.246)	(0.293)
雇工工资	0.06	0.07	0.07	1.52	1.65	1.63
	(0.295)	(0.277)	(0.257)	(0.437)	(0.399)	(0.404)
村委会到乡镇政府距离	0.05	0.07	0.14	−4.74	−3.94	−2.11
	(0.901)	(0.876)	(0.741)	(0.733)	(0.776)	(0.879)
自然灾害情况	0.72	0.11	1.53	372.24*	325.55	297.43
	(0.915)	(0.987)	(0.820)	(0.090)	(0.140)	(0.175)
丘陵（参照"平原"）	−1.94	−1.44	−1.68	236.49	253.19	251.17
	(0.769)	(0.828)	(0.799)	(0.270)	(0.237)	(0.240)
山地（参照"平原"）	−35.78***	−33.76***	−36.60***	51.86	147.39	29.49
	(0.001)	(0.003)	(0.001)	(0.886)	(0.686)	(0.935)
省虚拟变量	控制	控制	控制	控制	控制	控制

续表

变量	机械投资额			亩均机械投资额		
常数项	91.38***	88.36***	89.50***	−271.07	−402.78	−348.91
	(0.000)	(0.000)	(0.000)	(0.690)	(0.554)	(0.607)
观测值	679	679	679	679	679	679
R²	0.168	0.172	0.180	0.093	0.101	0.107
模型拟合优度 F 检验	7.78***	7.14***	7.65***	5.97***	5.48***	5.66***

注：*、**和***分别表示在 10%、5%和 1%的水平上显著；括号内数字为估计系数统计检验的 p 值。

数据来源：作者根据课题组"粮食规模化生产情况"调查数据统计整理。

附表 4　合约安排、合约约束力对规模户机械投资额超过省中值的影响

变量	不控制合约约束力		控制合约执行率		控制纠纷解决率	
	Probit	边际效应	Probit	边际效应	Probit	边际效应
合约类型	0.185**	0.064**	0.165	0.058	0.143	0.045
	(0.021)	(0.022)	(0.388)	(0.362)	(0.485)	(0.530)
合约期限	0.044***	0.016***	0.025	0.009	0.013	0.005
	(0.003)	0.000	(0.168)	(0.146)	(0.523)	(0.486)
合约类型×合约执行率虚拟变量	—	—	0.078*	0.021*	—	—
	—	—	(0.074)	(0.079)	—	—
合约期限×合约执行率虚拟变量	—	—	0.042*	0.015*	—	—
	—	—	(0.056)	(0.057)	—	—
合约类型×纠纷解决率虚拟变量	—	—	—	—	0.124*	0.049*
	—	—	—	—	(0.065)	(0.058)
合约期限×纠纷解决率虚拟变量	—	—	—	—	0.047**	0.017**
	—	—	—	—	(0.033)	(0.031)
经营面积	0.002***	0.001***	0.002***	0.001***	0.002***	0.001***
	(0.000)	(0.000)	(0.000)	(0.000)	(0.000)	(0.000)
户主年龄	-0.002	-0.001	-0.001	-0.001	0.001	0.001
	(0.870)	(0.871)	(0.877)	(0.869)	(0.910)	(0.895)
户主受教育程度	-0.003	-0.001	-0.003	-0.001	-0.003	-0.001
	(0.881)	(0.901)	(0.876)	(0.894)	(0.893)	(0.917)

变量	不控制合约约束力		控制合约执行率		控制纠纷解决率	
	Probit	边际效应	Probit	边际效应	Probit	边际效应
户主农业经验	0.004	0.001	0.002	0.001	0.003	0.001
	(0.596)	(0.569)	(0.752)	(0.714)	(0.673)	(0.657)
家庭房产价值	−0.000	−0.000	−0.000	−0.000	−0.000	−0.000
	(0.483)	(0.592)	(0.497)	(0.614)	(0.407)	(0.495)
灌溉耕地面积占比	−0.001	−0.000	−0.001	−0.000	−0.001	−0.000
	(0.662)	(0.650)	(0.672)	(0.661)	(0.625)	(0.618)
机械补贴	−0.138	−0.053	−0.095	−0.039	−0.126	−0.047
	(0.693)	(0.673)	(0.787)	(0.755)	(0.720)	(0.704)
雇工工资	0.001	0.001	0.001	0.001	0.001	0.001
	(0.608)	(0.569)	(0.764)	(0.719)	(0.859)	(0.811)
村委会到乡镇政府距离	0.010	0.004	0.011	0.004	0.014	0.005
	(0.496)	(0.491)	(0.434)	(0.428)	(0.344)	(0.395)
自然灾害情况	0.282	0.105	0.223	0.084	0.200	0.074
	(0.244)	(0.223)	(0.365)	(0.335)	(0.416)	(0.395)
丘陵（参照"平原"）	0.185	0.067	0.174	0.063	0.183	0.066
	(0.364)	(0.350)	(0.395)	(0.386)	(0.371)	(0.356)
山地（参照"平原"）	−0.693**	−0.234***	−0.608*	−0.209**	−0.689**	−0.229**
	(0.042)	(0.018)	(0.076)	(0.043)	(0.045)	(0.020)

变量	不控制合约约束力		控制合约执行率		控制纠纷解决率	
	Probit	边际效应	Probit	边际效应	Probit	边际效应
省虚拟变量	控制	控制	控制	控制	控制	控制
常数项	−0.664	—	−0.628	—	−0.681	—
	(0.339)	—	(0.367)	—	(0.331)	—
观测值	433	433	433	433	433	433
LR chi2	55.88	—	61.46	—	63.59	—

注：*、**和***分别表示在10%、5%和1%的水平上显著；括号内数字为估计系数统计检验的 p 值。

数据来源：作者根据课题组"粮食规模化生产情况"调查数据统计整理。

附表5　合约安排、合约约束力对规模户亩均机械投资额超过省中值的影响

变量	不控制合约约束力		控制合约执行率		控制纠纷解决率	
	Probit	边际效应	Probit	边际效应	Probit	边际效应
合约类型	0.763**	0.338***	0.65	0.191	0.755	0.216
	(0.010)	(0.001)	(0.131)	(0.121)	(0.221)	(0.213)
合约期限	0.030**	0.010**	0.026	0.009	0.010	0.004
	(0.040)	(0.030)	(0.158)	(0.143)	(0.645)	(0.589)
合约类型×合约执行率虚拟变量	—	—	0.874***	0.276***	—	—
	—	—	(0.000)	(0.000)	—	—
合约期限×合约执行率虚拟变量	—	—	0.018*	0.006**	—	—
	—	—	(0.089)	(0.049)	—	—
合约类型×纠纷解决率虚拟变量	—	—	—	—	0.617**	0.201***
	—	—	—	—	(0.012)	(0.004)
合约期限×纠纷解决率虚拟变量	—	—	—	—	0.035	0.011*
	—	—	—	—	(0.104)	(0.084)
经营面积	-0.001***	-0.001***	-0.001***	-0.001***	-0.001***	-0.001***
	(0.004)	(0.004)	(0.001)	(0.001)	(0.001)	(0.001)
户主年龄	-0.004	-0.002	-0.001	-0.001	-0.002	-0.001
	(0.638)	(0.598)	(0.908)	(0.854)	(0.849)	(0.817)
户主受教育程度	-0.015	-0.005	-0.012	-0.003	-0.015	-0.001
	(0.515)	(0.541)	(0.602)	(0.634)	(0.520)	(0.546)

续表

变量	不控制合约约束力		控制合约执行率		控制纠纷解决率	
	Probit	边际效应	Probit	边际效应	Probit	边际效应
户主农业经验	0.015**	0.005**	0.012	0.004	0.014*	0.004*
	(0.043)	(0.042)	(0.102)	(0.105)	(0.061)	(0.063)
家庭房产价值	0.000	0.000	0.000	0.000	0.000	0.000
	(0.279)	(0.225)	(0.250)	(0.217)	(0.372)	(0.361)
灌溉耕地面积占比	−0.005**	−0.002**	−0.006**	−0.002**	−0.005*	−0.001*
	(0.050)	(0.048)	(0.037)	(0.035)	(0.083)	(0.087)
机械补贴	−0.584	−0.195	−0.376	−0.122	−0.463	−0.145
	(0.109)	(0.103)	(0.294)	(0.281)	(0.197)	(0.199)
雇工工资	0.001	0.001	0.002	0.001	0.001	0.001
	(0.678)	(0.772)	(0.951)	(0.964)	(0.791)	(0.873)
村委会到乡镇政府距离	−0.022	−0.006	−0.024	−0.007	−0.020	−0.006
	(0.218)	(0.268)	(0.194)	(0.238)	(0.278)	(0.330)
自然灾害情况	0.338	0.119	0.235	0.082	0.201	0.067
	(0.179)	(0.152)	(0.362)	(0.314)	(0.434)	(0.410)
丘陵（参照"平原"）	0.134	0.026	0.188	0.043	0.179	0.041
	(0.526)	(0.502)	(0.381)	(0.530)	(0.403)	(0.549)
山地（参照"平原"）	−0.721**	−0.221**	−0.502	−0.146	−0.676*	−0.188**
	(0.049)	(0.021)	(0.172)	(0.132)	(0.070)	(0.038)

续表

变量	不控制合约约束力		控制合约执行率		控制纠纷解决率	
	Probit	边际效应	Probit	边际效应	Probit	边际效应
省虚拟变量	控制	控制	控制	控制	控制	控制
常数项	0.119	—	−0.068	—	−0.088	—
	(0.871)	—	(0.928)	—	(0.907)	—
观测值	433	433	433	433	433	433
LR chi2	87.33	—	109.2	—	104.7	—

注：*、**和***分别表示在10%、5%和1%的水平上显著；括号内数字为估计系数统计检验的 p 值。

数据来源：作者根据课题组"粮食规模化生产情况"调查数据统计整理。

附表6　合约安排、合约约束力对规模户购置超万元机械的影响

变量	不控制合约约束力		控制合约执行率		控制纠纷解决率	
	Probit	边际效应	Probit	边际效应	Probit	边际效应
合约类型	0.450***	0.067***	0.352	0.017	0.004	0.002
	(0.004)	(0.004)	(0.100)	(0.130)	(0.986)	(0.828)
合约期限	0.032**	0.032**	0.003	0.003	0.016	0.006
	(0.034)	(0.010)	(0.890)	(0.712)	(0.525)	(0.572)
合约类型×合约执行率虚拟变量	—	—	0.270***	0.104**	—	—
	—	—	(0.007)	(0.013)	—	—
合约期限×合约执行率虚拟变量	—	—	0.058**	0.012**	—	—
	—	—	(0.015)	(0.046)	—	—
合约类型×纠纷解决率虚拟变量	—	—	—	—	0.776***	0.260***
	—	—	—	—	(0.004)	(0.001)
合约期限×纠纷解决率虚拟变量	—	—	—	—	0.027*	0.008**
	—	—	—	—	(0.067)	(0.045)
经营面积	0.002***	0.000***	0.001***	0.000***	0.001***	0.000***
	(0.000)	(0.000)	(0.000)	(0.000)	(0.000)	(0.000)
户主年龄	−0.016	−0.004	−0.015	−0.004	−0.012	−0.003
	(0.125)	(0.142)	(0.157)	(0.181)	(0.245)	(0.246)
户主受教育程度	0.020	0.003	0.025	0.004	0.025	0.004
	(0.431)	(0.652)	(0.319)	(0.558)	(0.315)	(0.552)

续表

变量	不控制合约约束力		控制合约执行率		控制纠纷解决率	
	Probit	边际效应	Probit	边际效应	Probit	边际效应
户主农业经验	0.004	0.001	0.002	0.001	0.002	0.001
	(0.585)	(0.634)	(0.766)	(0.737)	(0.771)	(0.731)
家庭房产价值	-0.000	-0.000	-0.000	-0.000	-0.000	-0.000
	(0.767)	(0.837)	(0.718)	(0.775)	(0.615)	(0.685)
灌溉耕地面积占比	-0.001	-0.000	-0.002	-0.000	-0.000	-0.000
	(0.615)	(0.647)	(0.584)	(0.623)	(0.881)	(0.791)
机械补贴	0.290	0.041	0.425	0.011	0.457	0.013
	(0.483)	(0.473)	(0.335)	(0.263)	(0.312)	(0.232)
雇工工资	0.007***	0.002**	0.006***	0.002**	0.007***	0.002**
	(0.002)	(0.015)	(0.005)	(0.037)	(0.003)	(0.017)
村委会到乡镇政府距离	-0.020	-0.010*	-0.020	-0.010*	-0.016	-0.002
	(0.264)	(0.078)	(0.282)	(0.082)	(0.368)	(0.118)
自然灾害情况	0.007	0.003	-0.110	-0.004	-0.232	-0.024
	(0.980)	(0.878)	(0.703)	(0.659)	(0.424)	(0.468)
丘陵（参照"平原"）	-0.211	-0.203	-0.195	-0.07	-0.177	-0.066
	(0.350)	(0.257)	(0.394)	(0.298)	(0.442)	(0.328)
山地（参照"平原"）	-0.966**	-0.248***	-0.795**	-0.217***	-0.913**	-0.231***
	(0.011)	(0.001)	(0.041)	(0.005)	(0.022)	(0.002)
省虚拟变量	控制	控制	控制	控制	控制	控制

续表

变量	不控制合约约束力		控制合约执行率		控制纠纷解决率	
	Probit	边际效应	Probit	边际效应	Probit	边际效应
常数项	−1.155	—	−1.251	—	−1.454*	—
	(0.135)	—	(0.115)	—	(0.069)	—
观测值	433	433	433	433	433	433
LR chi2	105.5	—	119.3	—	124.8	—

注：*、**和***分别表示在10%、5%和1%的水平上显著；括号内数字为估计系数统计检验的 p 值。

数据来源：作者根据课题组"粮食规模化生产情况"调查数据统计整理。

附表7 合约安排、合约约束力对规模户购置超五千元机械的影响

变量	不控制合约约束力		控制合约执行率		控制纠纷解决率	
	Probit	边际效应	Probit	边际效应	Probit	边际效应
合约类型	0.522***	0.087**	0.329	0.014	0.179	0.038
	(0.001)	(0.012)	(0.122)	(0.161)	(0.443)	(0.544)
合约期限	0.029*	0.010**	0.007	0.006	0.017	0.012
	(0.062)	(0.020)	(0.722)	(0.682)	(0.490)	(0.052)
合约类型×合约执行率虚拟变量	—	—	0.455*	0.150**	—	—
	—	—	(0.081)	(0.031)	—	—
合约期限×合约执行率虚拟变量	—	—	0.047**	0.009**	—	—
	—	—	(0.046)	(0.032)	—	—
合约类型×纠纷解决率虚拟变量	—	—	—	—	0.630**	0.023**
	—	—	—	—	(0.020)	(0.031)
合约期限×纠纷解决率虚拟变量	—	—	—	—	0.022*	0.002*
	—	—	—	—	(0.074)	(0.079)
经营面积	0.004***	0.001***	0.004***	0.001***	0.004***	0.001***
	(0.000)	(0.000)	(0.000)	(0.000)	(0.000)	(0.000)
户主年龄	-0.020*	-0.006*	-0.019*	-0.005*	-0.016	-0.005
	(0.059)	(0.055)	(0.076)	(0.069)	(0.133)	(0.105)
户主受教育程度	0.021	0.003	0.024	0.003	0.025	0.004
	(0.403)	(0.447)	(0.350)	(0.362)	(0.325)	(0.357)

变量	不控制合约约束力		控制合约执行率		控制纠纷解决率	
	Probit	边际效应	Probit	边际效应	Probit	边际效应
户主农业经验	0.011	0.002	0.009	0.001	0.009	0.001
	(0.158)	(0.389)	(0.285)	(0.328)	(0.248)	(0.281)
家庭房产价值	0.000	0.000	0.000	0.000	0.000	0.000
	(0.513)	(0.324)	(0.514)	(0.307)	(0.573)	(0.374)
灌溉耕地面积占比	-0.001*	-0.001*	-0.002*	-0.002**	-0.001	-0.001
	(0.071)	(0.067)	(0.057)	(0.038)	(0.183)	(0.105)
机械补贴	0.363	0.006	0.496	0.021	0.451	0.016
	(0.376)	(0.427)	(0.255)	(0.185)	(0.296)	(0.312)
雇工工资	0.005**	0.001**	0.004*	0.001*	0.004*	0.001*
	(0.030)	(0.045)	(0.080)	(0.074)	(0.059)	(0.067)
村委会到乡镇政府距离	-0.004	-0.002	-0.003	-0.001	-0.002	-0.001
	(0.792)	(0.391)	(0.869)	(0.431)	(0.916)	(0.443)
自然灾害情况	-0.149	-0.013	-0.264	-0.041	-0.309	-0.051
	(0.578)	(0.858)	(0.340)	(0.581)	(0.263)	(0.497)
丘陵（参照"平原"）	-0.630***	-0.197***	-0.644***	-0.193***	-0.646***	-0.195***
	(0.007)	(0.003)	(0.006)	(0.003)	(0.006)	(0.003)
山地（参照"平原"）	-0.682*	-0.209**	-0.551	-0.178*	-0.665*	-0.201**
	(0.076)	(0.032)	(0.162)	(0.077)	(0.091)	(0.040)

续表

变量	不控制合约约束力		控制合约执行率		控制纠纷解决率	
	Probit	边际效应	Probit	边际效应	Probit	边际效应
省虚拟变量	控制	控制	控制	控制	控制	控制
常数项	−1.093	—	−1.045	—	−1.217	—
	(0.174)	—	(0.203)	—	(0.135)	—
观测值	433	433	433	433	433	433
LR chi2	162.9	—	176.5	—	174.4	—

注：*、**和***分别表示在10%、5%和1%的水平上显著；括号内数字为估计系数统计检验的 p 值。

数据来源：作者根据课题组"粮食规模化生产情况"调查数据统计整理。

附表8 合约安排、合约执行率对规模户投资的影响（工具变量）

变量	基础设施投资	高机械投资额	高亩均机械投资额	超万元机械投资	超五千元机械投资
合约类型	0.516	0.584	0.090	0.476	0.351
	(0.259)	(0.179)	(0.842)	(0.372)	(0.109)
合约期限	0.005	0.019	0.076	0.003	0.072
	(0.942)	(0.759)	(0.236)	(0.974)	(0.329)
合约类型×合约执行率虚拟变量	0.206*	0.439*	0.815**	0.512***	0.474*
	(0.079)	(0.050)	(0.019)	(0.007)	(0.096)
合约期限×合约执行率虚拟变量	0.017***	0.119**	0.066*	0.062**	0.176**
	(0.008)	(0.027)	(0.055)	(0.044)	(0.017)
经营面积	0.002**	0.001**	-0.001**	0.001**	0.004***
	(0.044)	(0.019)	(0.033)	(0.040)	(0.001)
户主年龄	0.003	-0.001	0.002	-0.010	-0.026**
	(0.812)	(0.899)	(0.881)	(0.435)	(0.038)
户主受教育程度	0.030	0.007	-0.014	0.046	0.021
	(0.326)	(0.788)	(0.611)	(0.155)	(0.511)
户主农业经验	-0.015	-0.002	0.012	-0.007	0.013
	(0.112)	(0.848)	(0.212)	(0.528)	(0.243)
家庭房产价值	0.000	-0.000	0.000	0.000	0.000
	(0.490)	(0.911)	(0.392)	(0.679)	(0.667)

变量	基础设施投资	高机械投资额	高亩均机械投资额	超万元机械投资	超五千元机械投资
灌溉耕地面积占比	0.005	0.001	−0.006*	0.002	−0.001
	(0.187)	(0.831)	(0.062)	(0.672)	(0.740)
机械补贴	−0.005	0.096	−0.306	0.976	0.185
	(0.992)	(0.837)	(0.522)	(0.115)	(0.755)
雇工工资	0.005*	0.001	0.001	0.006**	0.004**
	(0.056)	(0.869)	(0.815)	(0.050)	(0.038)
村委会到乡政府的距离	−0.008	0.010	−0.027	−0.028	0.005
	(0.687)	(0.543)	(0.183)	(0.212)	(0.812)
自然灾害情况	0.043	0.206	0.277	−0.011	−0.349
	(0.893)	(0.491)	(0.376)	(0.977)	(0.337)
丘陵（参照"平原"）	−0.182	0.056	0.272	−0.292	−0.757***
	(0.492)	(0.809)	(0.254)	(0.297)	(0.006)
山地（参照"平原"）	−0.144	−0.122	−0.525	0.161	−0.798
	(0.831)	(0.846)	(0.432)	(0.833)	(0.287)
省虚拟变量	控制	控制	控制	控制	控制
常数项	−2.190**	−0.745	−0.242	−1.979*	−0.529
	(0.018)	(0.379)	(0.788)	(0.063)	(0.606)
观测值	433	433	433	433	433
Wald chi2	60.04	33.61	76.72	64.04	90.12

注：*、**和***分别表示在10%、5%和1%的水平上显著；括号内数字为估计系数统计检验的 p 值。

数据来源：作者根据课题组"粮食规模化生产情况"调查数据统计整理。

附表9　合约安排、纠纷解决率对规模户投资的影响（工具变量）

变量	基础设施投资	高机械投资额	高亩均机械投资额	超万元机械投资	超五千元机械投资
合约类型	0.551	0.351	0.384	0.502	0.699
	(0.150)	(0.596)	(0.111)	(0.511)	(0.341)
合约期限	0.014	0.057	0.239	0.066	0.004
	(0.888)	(0.539)	(0.146)	(0.546)	(0.964)
合约类型×纠纷解决率虚拟变量	0.244**	0.085**	0.723***	0.801**	0.248**
	(0.024)	(0.033)	(0.005)	(0.012)	(0.023)
合约期限×纠纷解决率虚拟变量	0.042***	0.145***	0.272**	0.041**	0.034*
	(0.006)	(0.005)	(0.019)	(0.037)	(0.057)
经营面积	0.002*	0.002**	−0.001**	0.001**	0.004***
	(0.055)	(0.028)	(0.030)	(0.047)	(0.000)
户主年龄	0.005	0.004	−0.007	−0.010	−0.018
	(0.676)	(0.688)	(0.580)	(0.403)	(0.132)
户主受教育程度	0.030	−0.001	−0.029	0.038	0.025
	(0.338)	(0.978)	(0.402)	(0.215)	(0.337)
户主农业经验	−0.017*	0.002	0.017	−0.003	0.011
	(0.091)	(0.818)	(0.152)	(0.742)	(0.221)
家庭房产价值	0.000	−0.000	0.000	−0.000	0.000
	(0.587)	(0.502)	(0.765)	(0.999)	(0.544)
灌溉耕地面积占比	0.004	−0.001	−0.002	0.003	−0.002
	(0.271)	(0.686)	(0.661)	(0.517)	(0.605)

变量	基础设施投资	高机械投资额	高亩均机械投资额	超万元机械投资	超五千元机械投资
机械补贴	−0.005	−0.089	−0.265	0.894	0.316
	(0.993)	(0.849)	(0.663)	(0.140)	(0.492)
雇工工资	0.004	0.001	0.005	0.007**	0.004**
	(0.048)	(0.687)	(0.136)	(0.021)	(0.019)
村委会到乡政府的距离	−0.005	0.019	−0.033	−0.024	−0.002
	(0.827)	(0.298)	(0.209)	(0.290)	(0.912)
自然灾害情况	0.014	0.099	0.119	−0.221	−0.179
	(0.969)	(0.755)	(0.773)	(0.568)	(0.583)
丘陵(参照"平原")	−0.165	0.148	0.406	−0.197	−0.680***
	(0.549)	(0.518)	(0.173)	(0.456)	(0.006)
山地(参照"平原")	−0.160	−0.597	−0.867	−0.303	−0.696*
	(0.816)	(0.343)	(0.302)	(0.680)	(0.090)
省虚拟变量	控制	控制	控制	控制	控制
常数项	−2.198**	−0.635	−0.766	−2.156**	−0.953
	(0.025)	(0.473)	(0.508)	(0.040)	(0.288)
观测值	433	433	433	433	433
Wald chi2	58.36	35.88	55.15	70.33	95.16

注:*、**和***分别表示在10%、5%和1%的水平上显著;括号内数字为估计系数统计检验的 p 值。

数据来源:作者根据课题组"粮食规模化生产情况"调查数据统计整理。

参考文献

一、中文文献

（一）著作

［1］速水佑次郎，拉坦. 农业发展的国际分析［M］. 郭熙保，张进铭，等译. 北京：中国社会科学出版社，2000.

［2］张五常. 佃农理论：应用于亚洲的农业和台湾的土地改革［M］. 北京：商务印书馆，2000.

［3］费孝通. 乡土中国［M］. 北京：北京大学出版社，2012.

［4］黄季焜. 制度变迁和可持续发展：30 年中国农业与农村［M］. 上海：格致出版社，2008.

［5］黄少安. 制度经济学研究［M］. 北京：经济科学出版社，2021.

（二）期刊

［6］施小燕，蔡志坚. "三权"分置背景下农村土地流转问题探析：来自安徽省合肥市的实证［J］. 中国林业经济，2019（5）.

［7］孙琳琳，杨浩，郑海涛. 土地确权对中国农户资本投资的影响：基于异质性农户模型的微观分析［J］. 经济研究，2020，55（11）.

［8］孙敏. 嵌入视野下农业规模经营的实践机理：基于汨罗市 C 村"千亩大户"的个案分析［J］. 农业经济问题，2022（1）.

［9］孙鹏飞，赵凯，贺婧. 农村人口老龄化、社会信任与农户宅基地退

出：基于安徽省金寨县 614 户农户样本 [J]. 华中农业大学学报（社会科学版），2019（5）.

[10] 孙小龙，郜亮亮，钱龙，等. 产权稳定性对农户农田基本建设投资行为的影响 [J]. 中国土地科学，2019，33（4）.

[11] 孙月蓉，代晨. 中国农地资本化流转风险分析 [J]. 经济问题，2015（05）.

[12] 汤玉权，姜修海，黄六招. 有限自主与理性扩张：一种农地集中规模经营"推进难"的解释框架：基于 S 省 A 村的案例研究 [J]. 重庆社会科学，2022（02）.

[13] 陈奕山，钟甫宁. 代际差异、长期非农收入与耕地转出稳定性 [J]. 南京农业大学学报（社会科学版），2017，17（3）.

[14] 田传浩，贾生华. 农地制度、地权稳定性与农地使用权市场发育：理论与来自苏浙鲁的经验 [J]. 经济研究，2004（1）.

[15] 王景新. 新形势下赋予农民长期而有保障的土地使用权尤为重要 [J]. 中国农村经济，2001（10）.

[16] 王珏. 现代社会信任问题的伦理回应 [J]. 中国社会科学，2018（3）.

[17] 王露璐. 伦理视角下中国乡村社会变迁中的"礼"与"法" [J]. 中国社会科学，2015（7）.

[18] 王亚楠，纪月清，徐志刚，等. 有偿 VS 无偿：产权风险下农地附加价值与农户转包方式选择 [J]. 管理世界，2015（11）.

[19] 王岩. 差序治理、政府介入与农地经营权流转合约选择：理论框架与经验证据 [J]. 管理学刊，2020，33（5）.

[20] 王钊，曾令果. 新中国 70 年农业农村改革进程回顾、核心问题与未来展望 [J]. 改革，2019（9）.

[21] 吴小英. 流动性：一个理解家庭的新框架 [J]. 探索与争鸣，2017（7）.

[22] 吴学兵，汪发元，黎东升. 规模化经营中土地流转价格影响因素的实证分析 [J]. 统计与决策，2016（10）.

[23] 武舜臣，钱煜昊，于海龙. 农户参与模式与农业规模经营稳定性：基于土地规模经营与服务规模经营的比较 [J]. 经济与管理，2021，35（1）.

[24] 徐勇. 破解新型城镇化建设的难题：以江西省武宁县为例谈如何推

进新型城镇化建设 [J]. 学习月刊, 2010 (18).

[25] 徐珍源, 孔祥智. 转出土地流转期限影响因素实证分析: 基于转出农户收益与风险视角 [J]. 农业技术经济, 2010 (7).

[26] 徐志刚, 张森, 邓衡山, 等. 社会信任: 组织产生、存续和发展的必要条件: 来自中国农民专业合作经济组织发展的经验 [J]. 中国软科学, 2011 (1).

[27] 许庆, 章元. 土地调整、地权稳定性与农民长期投资激励 [J]. 经济研究, 2005 (10).

[28] 许秀川, 张应良, 刘新智. 农地流转纠纷: 违约机制及其实证研究 [J]. 中国农业大学学报, 2020, 25 (1).

[29] 许玉镇, 孙超群. 公共危机事件后的社会信任修复研究: 以突发公共卫生事件为例 [J]. 上海行政学院学报, 2019, 20 (6).

[30] 阎晓磊, 黄红霞. 农村土地产权结构、经营权流转与相关法律问题探讨 [J]. 农业经济, 2019 (7).

[31] 杨广亮, 王军辉. 新一轮农地确权、农地流转与规模经营: 来自CHFS 的证据 [J]. 经济学 (季刊), 2022, 22 (1).

[32] 杨嵘均. 论正式制度与非正式制度在乡村治理中的互动关系 [J]. 江海学刊, 2014 (1).

[33] 仇焕广, 刘乐, 李登旺, 等. 经营规模、地权稳定性与土地生产率: 基于全国 4 省地块层面调查数据的实证分析 [J]. 中国农村经济, 2017 (6).

[34] 杨遂全, 韩作轩, 涂开均. "三权" 分置下的农地流转主体: 激励约束、利益冲突与行动策略 [J]. 农村经济, 2020 (1).

[35] 杨勇. 我国农村土地承包经营权流转中的法律问题研究 [J]. 南方金融, 2013 (5).

[36] 杨宗耀, 方晨亮, 纪月清. 经营碎片化、确权与农业结构调整: 基于地片层面的分析 [J]. 南京农业大学学报 (社会科学版), 2021, 21 (5).

[37] 姚东. 代际公共品视域下的农村土地产权收益与投资 [J]. 甘肃社会科学, 2014 (3).

[38] 姚洋. 农地制度与农业绩效的实证研究 [J]. 中国农村观察, 1998 (6).

[39] 姚洋. 中国农地制度: 一个分析框架 [J]. 中国社会科学, 2000 (2).

[40] 叶剑平，丰雷，蒋妍，等．2008年中国农村土地使用权调查研究：17省份调查结果及政策建议 [J]．管理世界，2010 (1)．

[41] 叶剑平，蒋妍，普罗斯特曼，等．2005年中国农村土地使用权调查研究：17省调查结果及政策建议 [J]．管理世界，2006 (7)．

[42] 叶剑平，田晨光．中国农村土地权利状况：合约结构、制度变迁与政策优化：基于中国17省1956位农民的调查数据分析 [J]．华中师范大学学报 (人文社会科学版)，2013，52 (1)．

[43] 尹贻林，卢晶．我国公共投资范围研究 [J]．上海经济研究，2007 (10)．

[44] 仇童伟，罗必良，何勤英．农地产权稳定与农地流转市场转型：基于中国家庭金融调查数据的证据 [J]．中南财经政法大学学报，2020 (2)．

[45] 应瑞瑶，何在中，周南，等．农地确权、产权状态与农业长期投资：基于新一轮确权改革的再检验 [J]．中国农村观察，2018 (3)．

[46] 俞海，黄季焜，ROZELE S，等．地权稳定性、土地流转与农地资源持续利用 [J]．经济研究，2003 (9)．

[47] 张翠娥，李跃梅．主体认知、情境约束与农民参与社会治理的意愿：基于山东等5省调查数据的分析 [J]．中国农村观察，2015 (2)．

[48] 张海丰，王琳．权力不对等、合约选择与制度供给：一个农地流转的博弈框架 [J]．学习与探索，2021 (2)．

[49] 张建，诸培新，南光耀．不同类型农地流转对农户农业生产长期投资影响研究：以江苏省四县为例 [J]．南京农业大学学报 (社会科学版)，2019，19 (3)．

[50] 张雷宝．地方政府公共投资研究 [J]．财政研究，2004 (3)．

[51] 张磊，罗光强．现实与重构：我国粮食适度规模经营的困境与摆脱：基于川、湘246个稻作大户的调查 [J]．农村经济，2018 (5)．

[52] 张露，唐晨晨，罗必良．土地流转契约与农户化肥施用：基于契约盈利性、规范性和稳定性三个维度的考察 [J]．农村经济，2021 (9)．

[53] 张明君．我国农村土地承包经营权流转的法律问题研究 [J]．法制与社会，2013 (22)．

[54] 张同龙，张林秀．从民主选举到公共投资：投票细节与作用机制：基于全国5省100村调查数据的经验研究 [J]．经济学 (季刊)，2017，16 (2)．

[55] 张笑寒，岳启凡．土地规模化经营促进农业生产性投资了吗：基于全国三十一个省（市）的面板数据［J］.审计与经济研究，2019，34（4）.

[56] 张颖．我国农村土地承包经营权流转法律问题探讨［J］.农业经济，2010（3）.

[57] 张占锋．政策、法律与实践的冲突与因应：基于农村土地流转的视角［J］.世界农业，2018（2）.

[58] 章仁俊，刘耀祥．社会资本促进经济增长的机理分析［J］.商场现代化，2007（35）.

[59] 赵德起，贾洪波．改革开放以来农民农地契约效率损益研究［J］.中国农村经济，2018（2）.

[60] 折晓叶，陈婴婴．产权怎样界定：一份集体产权私化的社会文本［J］.社会学研究，2005（4）.

[61] 郑容坤．乡村振兴场域下集体林权冲突治理的三重维度［J］.行政科学论坛，2019（9）.

[62] 仇童伟，罗必良．农地产权强度对农业生产要素配置的影响［J］.中国人口·资源与环境，2018，28（1）.

[63] 钟甫宁，顾和军，纪月清．农民角色分化与农业补贴政策的收入分配效应：江苏省农业税减免、粮食直补收入分配效应的实证研究［J］.管理世界，2008（5）.

[64] 钟甫宁，纪月清．土地产权、非农就业机会与农户农业生产投资［J］.经济研究，2009，44（12）.

[65] 钟文晶，罗必良．禀赋效应、产权强度与农地流转抑制：基于广东省的实证分析［J］.农业经济问题，2013，34（3）.

[66] 钟文晶，罗必良．契约期限是怎样确定的：基于资产专用性维度的实证分析［J］.中国农村观察，2014（4）.

[67] 钟涨宝，汪萍．农地流转过程中的农户行为分析：湖北、浙江等地的农户问卷调查［J］.中国农村观察，2003（6）.

[68] 周海文，周海川．农户社会信任对土地流转租金的影响：基于CHIP数据的实证分析［J］.公共管理学报，2019，16（3）.

[69] 周密，张广胜，杨肖丽，等．城市规模、人力资本积累与新生代农

民工城市融入决定［J］.农业技术经济，2015（1）.

［70］周南，许玉韫，刘俊杰，等.农地确权、农地抵押与农户信贷可得性：来自农村改革试验区准实验的研究［J］.中国农村经济，2019（11）.

［71］仇童伟，罗必良.农地调整会抑制农村劳动力非农转移吗？［J］.中国农村观察，2017（4）.

［72］朱民，尉安宁，刘守英.家庭责任制下的土地制度和土地投资［J］.经济研究，1997（10）.

［73］朱文珏，罗必良.劳动力转移、性别差异与农地流转及合约选择［J］.中国人口·资源与环境，2020，30（1）.

［74］朱文珏，谢琳，邱泽元，等.农地租约中的期限与租金及其相互关联性：理论分析与实证检验［J］.南方经济，2016（10）.

［75］邹宝玲，罗必良.农户转入农地规模及其合约匹配［J］.华中农业大学学报（社会科学版），2019（6）.

［76］邹宝玲，钟文晶，张沁岚.风险规避与农地租约期限选择：基于广东省农户问卷的实证分析［J］.南方经济，2016（10）.

［77］邹伟，崔益邻.农地经营权稳定性对农业生产绩效的影响：基于中介效应模型的分析［J］.中国土地科学，2019，33（7）.

［78］仇童伟.土地确权如何影响农民的产权安全感知：基于土地产权历史情景的分析［J］.南京农业大学学报（社会科学版），2017，17（4）.

［79］崔美龄，郭阳，徐志刚.农地流转履约环境对规模经营发展的影响研究［J］.中国土地科学，2023，37（8）.

［80］曹广忠，边雪，赵金华.农村留守家庭的结构特征与区域差异：基于6省30县抽样调查数据的分析［J］.人口与发展，2013，19（4）.

［81］邓大才.农地流转的交易成本与价格研究：农地流转价格的决定因素分析［J］.财经问题研究，2007（9）.

［82］丁永潮，施海波，吕开宇.玉米收储制度改革的农户政策响应研究：基于规模异质性的视角［J］.干旱区资源与环境，2022，36（3）.

［83］杜志雄，肖卫东.农业规模化经营：现状、问题和政策选择［J］.江淮论坛，2019（4）.

［84］方华，孔立，廖洪乐.农地流转合约形式的选择行为研究［J］.中

国市场，2013（39）.

[85] 方师乐，史新杰，高叙文 . 非农就业、农机投资和农机服务利用 [J]. 南京农业大学学报（社会科学版），2020，20（1）.

[86] 付江涛，纪月清，胡浩 . 产权保护与农户土地农地流转合约选择：兼评新一轮承包地确权颁证对农地流转的影响 [J]. 江海学刊，2016（3）.

[87] 曾红萍 . 地方政府行为与农地集中流转：兼论资本下乡的后果 [J]. 北京社会科学，2015（3）.

[88] 高国梁 . 信任、法治与国家治理现代化 [J]. 北方法学，2016，10（6）.

[89] 高建设 . 农地流转价格失灵：解释与影响 [J]. 求实，2019（6）.

[90] 郜亮亮，黄季焜，ROZELLE S，等 . 中国农地流转市场的发展及其对农户投资的影响 [J]. 经济学（季刊），2011，10（4）.

[91] 郜亮亮，冀县卿，黄季焜 . 中国农户农地使用权预期对农地长期投资的影响分析 [J]. 中国农村经济，2013（11）.

[92] 郜亮亮 . 中国农户在农地流转市场上能否如愿以偿：流转市场的交易成本考察 [J]. 中国农村经济，2020（3）.

[93] 耿鹏鹏，罗必良 . 租金要价决定的逻辑：农地确权政策效果的微观证据 [J]. 财经问题研究，2022（8）.

[94] 郭继 . 农地流转合同形式制度的运行与构建：以法律社会学为视角 [J]. 中国农业大学学报（社会科学版），2009，26（4）.

[95] 郭金丰 . 乡村振兴战略下的农村土地流转：市场特征、利益动因与制度改进：以江西为例 [J]. 求实，2018（3）.

[96] 郭阳，徐志刚 . 耕地流转市场发育、资源禀赋与农地规模经营发展 [J]. 中国农村经济，2021（6）.

[97] 郭阳，钟甫宁，纪月清 . 规模经济与规模户耕地流转偏好：基于地块层面的分析 [J]. 中国农村经济，2019（4）.

[98] 常伟 . 农地大规模流转期限认知行为研究：基于安徽省1010个样本农户的实证分析 [J]. 农村经济，2015（2）.

[99] 贺雪峰 . 论半熟人社会：理解村委会选举的一个视角 [J]. 政治学研究，2000（3）.

[100] 洪名勇，尚名扬 . 信任与农户农地流转契约选择 [J]. 农村经济，

2013（4）.

[101] 洪炜杰，胡新艳. 非正式、短期化农地流转契约与自我执行：基于关联博弈强度的分析 [J]. 农业技术经济，2018（11）.

[102] 洪炜杰，罗必良. 地权稳定能激励农户对农地的长期投资吗 [J]. 学术研究，2018（9）.

[103] 洪银兴. 完善产权制度和要素市场化配置机制研究 [J]. 中国工业经济，2018（6）.

[104] 侯学博，余国新，李先东. 风险规避、非牧用途使用与牧户草原流转行为 [J]. 自然资源学报，2022，37（1）.

[105] 胡雯，张锦华，陈昭玖. 农地产权、要素配置与农户投资激励："短期化"抑或"长期化"？[J]. 财经研究，2020，46（2）.

[106] 胡新艳，王梦婷，洪炜杰. 地权安全性的三个维度及其对农地流转的影响 [J]. 农业技术经济，2019（11）.

[107] 何凌云，黄季焜. 土地使用权的稳定性与肥料使用：广东省实证研究 [J]. 中国农村观察，2001（5）.

[108] 黄季焜，冀县卿. 农地使用权确权与农户对农地的长期投资 [J]. 管理世界，2012（9）.

[109] 陈柏峰. 土地流转对农民阶层分化的影响：基于湖北省京山县调研的分析 [J]. 中国农村观察，2009（4）.

[110] 吉登艳，马贤磊，石晓平. 林地产权对农户林地投资行为的影响研究：基于产权完整性与安全性：以江西省遂川县与丰城市为例 [J]. 农业经济问题，2015，36（3）.

[111] 冀县卿，钱忠好. 改革30年中国农地产权结构变迁：产权视角的分析 [J]. 南京社会科学，2010（10）.

[112] 贾生华，田传浩，张宏斌. 农地租赁市场与农业规模经营：基于江、浙、鲁地区农业经营大户的调查 [J]. 中国农村观察，2003（1）.

[113] 江激宇，张士云，李博伟. 社会资本、流转契约与土地长期投资 [J]. 中国人口·资源与环境，2018，28（3）.

[114] 金松青，DEININGER K. 中国农村土地租赁市场的发展及其在土地使用公平性和效率性上的含义 [J]. 经济学（季刊），2004（3）.

［115］孔祥智，徐珍源．转出土地农户选择流转对象的影响因素分析：基于综合视角的实证分析［J］．中国农村经济，2010（12）．

［116］匡远配，陆钰凤．我国农地流转"内卷化"陷阱及其出路［J］．农业经济问题，2018（9）．

［117］陈洁，罗丹．种粮大户：一支农业现代化建设的重要力量［J］．求是，2012（3）．

［118］兰勇，蒋黾，杜志雄．农户向家庭农场流转土地的续约意愿及影响因素研究［J］．中国农村经济，2020（1）．

［119］李博伟．土地流转契约稳定性对转入土地农户化肥施用强度和环境效率的影响［J］．自然资源学报，2019，34（11）．

［120］李江一．农地确权如何影响农地流转：来自中国家庭金融调查的新证据［J］．中南财经政法大学学报，2020（2）．

［121］李景刚，高艳梅，臧俊梅．农户风险意识对土地流转决策行为的影响［J］．农业技术经济，2014（11）．

［122］李坤望，王永进．契约执行效率与地区出口绩效差异：基于行业特征的经验分析［J］．经济学（季刊），2010，9（3）．

［123］李宁，何兴邦，王舒娟．地权结构细分视角下中国农地产权制度变迁与改革：一个分析框架的构建［J］．中国农村观察，2017（2）．

［124］李宁，汪险生，王舒娟，等．自购还是外包：农地确权如何影响农户的农业机械化选择？［J］．中国农村经济，2019（6）．

［125］李勤，常伟．农地大规模流转中的流转期限选择研究：基于转出农户视角［J］．农业经济，2016（2）．

［126］陈浪南，杨子晖．中国政府支出和融资对私人投资挤出效应的经验研究［J］．世界经济，2007（1）．

［127］李伟伟，钟震．维护承包者权益还是经营者权益：保护耕作权以放活土地经营权的日本经验与启示［J］．管理世界，2016（2）．

［128］李霞，李万明．农地流转口头协议的制度经济学分析：一个交易费用分析的框架［J］．农业经济，2011（8）．

［129］李秀玉．治理环境与盈余管理的地区性差异研究［J］．东岳论丛，2009，30（9）．

［130］李学清，王少怡．引发农村土地冲突的土地法规缺陷浅析［J］．西北农林科技大学学报（社会科学版），2011，11（6）．

［131］林乐芬，滕菲．土地流转履约保证保险运行机制与规模农户响应研究［J］．现代经济探讨，2021（1）．

［132］刘凤芹．不完全合约与履约障碍：以订单农业为例［J］．经济研究，2003（4）．

［133］刘汉成，关江华．适度规模经营背景下农村土地流转研究［J］．农业经济问题，2019（8）．

［134］刘华，赵祎平，刘翔，等．土地流转履约保证保险实施效果与村庄差异研究：基于江苏省 H 市的案例分析［J］．农业经济问题，2023（2）．

［135］刘家成，徐志刚，钟甫宁．村庄和谐治理与农户分散生产的集体协调：来自中国水稻种植户生产环节外包的证据［J］．南京大学学报（哲学·人文科学·社会科学），2019，56（4）．

［136］刘丽，吕杰．土地流转契约选择及其稳定性［J］．山东社会科学，2017（11）．

［137］陈铁，孟令杰．土地调整、地权稳定性与农户长期投资：基于江苏省调查数据的实证分析［J］．农业经济问题，2007（10）．

［138］刘守英，颜嘉楠，冀县卿．集体地权制度下农地合约选择与经营体制变迁：松江集体村社型家庭农场的案例分析［J］．中国农村经济，2021（2）．

［139］刘同君．新型城镇化进程中农村社会治理的法治转型：以农民权利为视角［J］．法学，2013（9）．

［140］刘同君．转型农村社会的纠纷解决：类型分析与偏好选择［J］．学海，2011（5）．

［141］刘同山，孔祥智．农业规模经营的支持措施、实现方式及改革思考：基于农村改革试验区的调查研究［J］．农村经济，2017（5）．

［142］刘文勇，张悦．农地流转中农户租约期限短期倾向的研究：悖论与解释［J］．农村经济，2013（1）．

［143］刘屹轩，闵剑，刘忆．"三权"分置下农地经营权抵押融资风险辨识与评价：基于结构方程模型的实证研究［J］．宏观经济研究，2019（1）．

［144］卢华，胡浩，耿献辉．土地细碎化、地块规模与农业生产效益：

基于江苏省调研数据的经验分析 [J].华中科技大学学报(社会科学版),2016,30 (4).

[145] 罗必良,刘茜.农地流转纠纷:基于合约视角的分析:来自广东省的农户问卷 [J].广东社会科学,2013 (1).

[146] 罗必良.合约理论的多重境界与现实演绎:粤省个案 [J].改革,2012 (5).

[147] 罗丹,李文明,陈洁.种粮效益:差异化特征与政策意蕴:基于3400个种粮户的调查 [J].管理世界,2013 (7).

[148] 陈阳婕.浅析社会信任构建中法治的重要作用 [J].法制与社会,2017 (16).

[149] 骆东奇,周于翔,姜文.基于农户调查的重庆市农村土地流转研究 [J].中国土地科学,2009,23 (5).

[150] 吕军书,曹喜亚.保障农地流转履约机制分析 [J].农业经济,2018 (1).

[151] 吕军书,贾威."三权"分置制度下农村土地流转失约风险的防范机制研究 [J].理论与改革,2017 (6).

[152] 马华,王红卓.从礼俗到法治:基层政治生态运行的秩序变迁 [J].求实,2018 (1).

[153] 马贤磊,沈怡,仇童伟,等.自我剥削、禀赋效应与农地流转潜在市场发育:兼论经济欠发达地区小农户生产方式转型 [J].中国人口·资源与环境,2017,27 (1).

[154] 马贤磊.现阶段农地产权制度对农户土壤保护性投资影响的实证分析:以丘陵地区水稻生产为例 [J].中国农村经济,2009 (10).

[155] 钱克明,彭廷军.关于现代农业经营主体的调研报告 [J].农业经济问题,2013,34 (6).

[156] 钱忠好,冀县卿.中国农地流转现状及其政策改进:基于江苏、广西、湖北、黑龙江四省(区)调查数据的分析 [J].管理世界,2016 (2).

[157] 饶芳萍,马贤磊,石晓平.土地产权安全性对生态友好型农业项目增收绩效的影响:以新疆林果套种项目为例 [J].南京农业大学学报(社会科学版),2016,16 (6).

[158] 施海波，吕开宇，栾敬东．土地禀赋、支持政策与农户经营规模的扩大：基于4省1040户农户调查数据的分析 [J]．西北农林科技大学学报（社会科学版），2019，19（2）．

[159] 陈奕山，钟甫宁，纪月清．为什么土地流转中存在零租金：人情租视角的实证分析 [J]．中国农村观察，2017（4）．

（三）报纸

[160] 孔云峰．农地"三权"分置模式下土地经营权流转纠纷裁判的价值衡平 [N]．人民法院报，2020-01-02（7）．

（四）其他

[161] 石克焕．社会满意度的内隐与外显研究 [D]．南京：南京师范大学，2012．

[162] 唐轲．农户农地流转与经营规模对粮食生产的影响 [D]．北京：中国农业科学院，2018．

[163] 王红娜．中国政府公共投资的民生效应研究 [D]．济南：山东大学，2015．

[164] 陈奕山．城镇化背景下耕地流转的租金形态研究 [D]．南京：南京农业大学，2019．

[165] 张继道．土地整理项目管理模式对投资效率的影响研究 [D]．武汉：华中科技大学，2012．

[166] 张静．交易费用与农户契约选择：来自梨农调查的经验证据 [D]．杭州：浙江大学，2009．

[167] 郑旭媛．资源禀赋约束、要素替代与中国粮食生产变迁 [D]．南京：南京农业大学，2017．

[168] 周家明．乡村治理中村规民约的作用机制研究 [D]．南京：南京农业大学，2017．

[169] 崔美龄．农地流转合约稳定性与农户农业生产投资研究 [D]．南京：南京农业大学，2021．

[170] 董磊明．乡村社会巨变中的纠纷调解机制研究 [D]．南京：南京

师范大学，2008.

[171] 封永刚. 中国农业经济增长动能的分解与转换历程 [D]. 重庆：西南大学，2019.

[172] 付江涛. 新一轮承包地确权、流转及其投资利用研究 [D]. 南京：南京农业大学，2017.

[173] 李丹. 农村土地经营权流转违约风险监管研究 [D]. 北京：中共中央党校，2023.

二、英文文献

（一）专著

[1] POPKIN S L. The Rational Peasant：the Political Economy of Rural Society in Vietnam [M]. Berkeley：University of California Press，1979.

[2] SCHULTZ T W. Transforming Traditional Agriculture [M]. New Haven：Yale University Press，1964.

[3] FUKUYAMA F. Trust：The Social Values and the Creation of Prosperity [M]. New York：Free Press，1995.

（二）期刊

[4] ABDULAI A，OWUSU V，GOETZ R. Land Tenure Differences and Investment in Land Improvement Measures：Theoretical and Empirical Analyses [J]. Journal of Development Economics，2011，96（1）.

[5] ABDULAI A，OWUSU V，GOETZ R. Property Rights and Investment in Agriculture：Evidence for Ghana [J]. MPRA Paper，2008.

[6] ALCHINA A，DEMSETZ H. The Property Right Paradigm [J]. Journal of Economic History，1973，33（1）.

[7] ALCHINA A. Some Economics Of Property Rights [J]. Politico，1965，30（4）.

[8] AWASTHI M K. Dynamics and Resource Use Efficiency of Agricultural

Land Sales and Rental Market in India [J]. Land Use Policy, 2009, 26 (3).

[9] BESLEY T. Property Rights and Investment Incentives: Theory and Evidence from Ghana [J]. Journal of Political Economy, 1995, 103 (5).

[10] BINSWANGER H P. A Cost Function Approach to the Measurement of Elasticities of Factor Demand and Elasticities of Substitution [J]. American Journal of Agricultural Economics, 1974, 56 (2).

[11] BIRUNGI P, HASSAN R M. Poverty, Property Rights and Land Management in Uganda [J]. African Journal of Agricultural and Resource Economics, 2010, 1 (4).

[12] BRANDT L, HUANG J, Li G, et al. Land Rights in Rural China: Facts, Fictions and Issues [J]. China Journal, 2002 (47).

[13] BRANDT L, WHITING S H, ZHANG L, et al. Changing Property-Rights Regimes: A Study of Rural Land Tenure in China [J]. China Quarterly, 2017, 232).

[14] BRASSELLS, SOPHIE A, GASPART F, et al. Land Tenure Security and Investment Incentives: Puzzling Evidence from Burkina Faso [J]. Journal of Development Economics, 2002, 67 (2).

[15] CRAWFORD V P. Long-Term Relationships Governed by Short-Term Contracts [J]. American Economic Review, 1988, 78 (3).

[16] DEININGER K, JIN S. Tenure Security and Land-related Investment: Evidence from Ethiopia [J]. European Economic Review, 2006, 50 (5).

[17] DING J, LIU G, UNIVERSITY X A. Empirical Analysis of Factors Affecting Households' Farmland Transfer: Taking Manas County in Xinjiang for Example [J]. Shandong Agricultural Sciences, 2013, 45 (9).

[18] DOMEHER D, ABDULAIN R. Land Registration, Credit and Agricultural Investment in Africa [J]. Agricultural Finance Review, 2012, 72 (1).

[19] EVANS R, MARIWAH S, ANTWI K B. Struggles Over Family Land? Tree Crops, Land and Labour in Ghana's Brong-Ahafo Region [J]. Geoforum, 2015, 67.

[20] FEDER G, FEENY D. Land Tenure and Property Rights: Theory and Im-

plications for Development Policy [J]. World Bank Economic Review, 1991, 5 (1).

[21] FEDER G, NISHIO A. The Benefits of Land Registration and Titling: Economic and Social Perspectives [J]. Land Use Policy, 1998, 15 (1).

[22] GAO L, HUANG J, ROZELLE S. Rental Markets for Cultivated Land and Agricultural Investments in China [J]. Agricultural Economics, 2012, 43 (4).

[23] GEBREMEDHIN B, SWINTON S M. Investment in Soil Conservation in Northern Ethiopia: The Role of Land Tenure Security and Public Programs [J]. Agricultural Economics, 2002, 29 (1).

[24] GONG B. Agricultural Reforms and Production in China: Changes in Provincial Production Function and Productivity in 1978-2015 [J]. Journal of Development Economics, 2018, 132.

[25] GROSSMAN S J, HART O D. The Costs and Benefits of Ownership: A Theory of Vertical and Lateral Integration [J]. Journal of Political Economy, 1986, 94 (4).

[26] GUO Y, A I M L, XU Z G. Effect of Spatial Characteristics of Farmland Plots on Transfer Patterns in China: A Supply and Demand Perspective [J]. Land, 2023, 12.

[27] HART O, MOORE J. Property Rights and the Nature of the Firm [J]. Journal of Political Economy, 1990, 98 (6).

[28] HAYAMI Y, RUTTAN V W. Agriculture Development: An International Perspective [J]. American Journal of Agricultural Economics, 1985, 33 (2).

[29] HICKS J R. The Theory of Wages [J]. American Journal of Sociology, 1932, 32 (125).

[30] JACOBY H G, LI G, ROZELLE S. Hazards of Expropriation: Tenure Insecurity and Investment in Rural China [J]. The American Economic Review, 2002, 92 (5).

[31] KIM J H, LEUNG T C, WAGMAN L. Can Restricting Property Use Be Value Enhancing? Evidence from Short-Term Rental Regulation [J]. The Journal of Law and Economics, 2017, 60 (2).

[32] KOLADY D, SPIELMAN D J, CAVALIERI A J. Intellectual Property

Rights, Private Investment in Research, and Productivity Growth in Indian Agriculture: A Review of Evidence and Options [J]. IFPRI, 2010.

[33] KUNG K S, CAI Y S. Property Rights and Fertilizing Practices in Rural China: Evidence from Northern Jiangsu [J]. Modern China, 2000, 26 (3).

[34] KLEIN B, CRAWFORD R G, ALCHIAN A A. Vertical Integration, Appropriable Rents, and the Competitive Contracting Process [J]. Journal of Law & Economics, 1978, 21 (2).

[35] LAWRY S, SAMII C, HALL R, et al. The Impact of Land Property Rights Interventions on Investment and Agricultural Productivity in Developing Countries: A Systematic Review [J]. Journal of Development Effectiveness, 2016, 9 (1).

[36] LEIGHT . Reallocating Wealth? Insecure Property Rights and Agricultural Investment in Rural China [J]. China Economic Review, 2016, 40.

[37] LI A, WU J, ZHANG X, et al. China's New Rural " Separating Three Property Rights" Land Reform Results in Grassland Degradation: Evidence from Inner Mongolia [J]. Land Use Policy, 2018, 71.

[38] LI G, ROZELLE S, BRANDT L. Tenure, Land Rights, and Farmer Investment Incentives in China [J]. Agricultural Economics, 1998, 19 (1/2).

[39] MA X L, HEERINK N, VAN LERLAND E, et al. Land Tenure Security and Land Investments in Northwest China [J]. China Agricultural Economic Review, 2013, 5 (2).

[40] MACAULAY S. Non-contractual Relations in Business: A Preliminary Study [J]. American Sociological Review, 1963, 28 (1).

[41] MACOURS K, JANVRY A D, SADOULET E. Insecurity of Property Rights and Matching in the Tenancy Market [J]. European Economic Review, 2004, 54 (7).

[42] MICHLER J D, SHIVELY G E. Land Tenure, Tenure Security and Farm Efficiency: Panel Evidence from the Philippines [J]. Journal of Agricultural Economics, 2015, 66 (1).

[43] NUNN N. Relationship-Specificity, Incomplete Contracts, and the Pattern of Trade [J]. Quarterly Journal of Economics, 2007, 122 (2).

［44］OTSUKA K, LIU Y, YAMAUCHI F. Growing Advantage of Large Farms in Asia and its Implications for Global Food Security ［J］. Global Food Security, 2016, 11.

［45］QIAO S, UPHAM F. The Evolution of Relational Property Rights: A Case of Chinese Rural Land Reform ［J］. Social Science Electronic Publishing, 2015, 6 (100).

［46］QIU T, LUO B, LI S, et al. Does the Basic Farmland Preservation Hinder Land Transfers in Rural China? ［J］. China Agricultural Economic Review, 2020, 12 (1).

［47］WU S, LI G P, WU SX, et al. Transfer of the Land Possession, Allocation of Property Rights and Interests of Environment in the Exploitation Mineral Resources ［J］. Research on Economics & Management, 2015, 36 (1).

［48］SUN S, LOPEZ R, LIU X. Property Rights, Labor Mobility and Collectivization: The Impact of Institutional Changes on China's Agriculture in 1950 – 1978 ［J］. International Review of Economics &Finance, 2017, 52.

［49］TAN S, HEERINK N, KRUSEMAN G, et al. Do Fragmented Landholdings Have Higher Production Costs? Evidence from Rice Farmers in Northeastern Jiangxi Province, P. R. China ［J］. China Economic Review, 2008, 19 (3).

［50］TANG L, MA X, ZHOU Y, et al. Social Relations, Public Interventions and Land Rent Deviation: Evidence from Jiangsu Province in China ［J］. Land Use Policy, 2019, 86.

［51］TIAN C, SONG Y, BOYLE C E. Impacts of China's Burgeoning Rural Land Rental Markets on Equity: A Case Study of Developed Areas Along the Eastern Coast ［J］. Regional Science Policy & Practice, 2012, 4 (3).

［52］WANG G, CHEN C, CAO G, et al. Spatial-temporal Characteristics and Influential Factors Decomposition of Farmland Transfer in China ［J］. Transactions of the Chinese Society of Agricultural Engineering, 2017, 33 (1).

［53］WILLIAMSON OLIVER E. Transaction-Cost Economics: The Governance of Contractual Relations ［J］. Journal of Law & Economics, 1979.

［54］ZHANG J, ZHU P. The Effect of Different Farmland Transfer Patterns on Household Agricultural Productivity Based on Surveys of Four Counties in Jiangsu Province [J]. Resources Science, 2017, 39 (4).

[55] ZHENG L, YANG J. Impact of Government's Public Agricultural Investment on Rural Households' Investment in Farmland: Empirical Tests Based on Farmers' Utility Model [J]. Journal of East ChinaInstitute of Technology, 2012, 21 (5).

（三）论文集

[56] QIAN W, LI B, ZHENG L. The Impact of Non-Agricultural Employment on Farmland Transfer and Investment in Agricultural Assets: Evidence from China [C] // International Association of Agricultural Economists. Milan, 2015.

（四）其他

[57] CARTER M, YANG Y. Property Right, Rental Markets, and Land in China: Department of Agricultural and Applied Economics [Z]. University of Wiscons Madison, 1998.